农村资金互助黄山模式

刘邦铸　主编

“背离为农服务宗旨”是资金互助最大的
政策法律风险；
“学银行 像银行”、不走差异化发展道路
是资金互助最大的运营风险。

中国农业出版社
北　京

编辑委员会

Preface
序一

随着改革开放数十年的快速发展，中国正在迅速地改变着面貌，我们的乡村，我们的农业，我们的农民也在发生着翻天覆地的变化。但整体来看，在经历了长期城市化发展之后，中国依然保持着农业社会的底色。目前，中国农村人口超5亿人，农村地区占据着90%的国土面积，农业及相关产业吸纳了40%的就业人口。可以说，在相当长的一个时期内，“三农”（农业、农村、农民）问题依然是中国发展的关键，也是我们全面建设社会主义现代化国家、实现中华民族伟大复兴必须解决的重大问题。

党中央始终坚持把解决好“三农”问题，作为全党工作的重中之重。1982—1986年，中共中央连续5年发布以“三农”为主题的中央1号文件。进入新世纪后，2004—2020年连续17年围绕“三农”工作发布中央1号文件，对农村改革和农业发展作出部署安排。刚刚颁布的《中华人民共和国国民经济和社会发展第十四个五年规划纲要》（以下简称《“十四五”规划》）中，又提出优先发展农业农村，全面推进乡村振兴。

金融是现代经济的核心，全面推进乡村振兴，必须发挥农村金融对农村经济社会发展的重要支撑作用。近年来，我国农村金融改革不断深化，农村金融服务水平有效改善，在促进农业产业化和提高农民生产生活水平中发挥了重要作用。但总体来看，我国农村金融发展还滞后于城市金融的发展，存在农村金融资源配置不足、农村金融体系尚待健全、农村金融发展的基础条件亟待完善和提升等问题，这导致农村金融服务供给总体不足，农村资金需求难以得到有效满足，仍然是制约当前农业产业发展和农业现代化建设的重要瓶颈，是我国现代金融发展中最薄弱的领域和环节。

造成这一现状的原因是多方面的，但其中很重要的一个方面，就是“三农”客户的分散化、零碎化增加了金融服务的成本，信息不充分加大了金融服务的风险，从而导致金融服务供给难度加大。实施乡村振兴战略，涉及很多方面，但无论是产业兴旺，还是生活富裕，都离不开农村金融的支持。而合作金融恰恰是解决上述问题的有效途径，对破解“小生产”和“大市场”之间的矛盾、促进农户社会信用的发育，进而推动农村金融发展，具有显著的积极意义。东亚和欧美等发达国家，由于合作金融能够较好地实现农村经济金融结构的相互协调而成为整个农村金融体系中重要的组成部分。将农民之间的资金合作嵌入农民专业合作社之中，实现农民专业合作社的全要素合作，将农村储蓄和产生于农村地区的利润尽可能地留在农村，是构建现代农业体系的重要途径。

从理论层面，我们可以借鉴世界发达国家发展农村合作金融体系的经验，从全要素合作的视角，实现农民专业合作组织与合作金融内生成长的良性互动发展，在培育和发展合作经济组织的同时，构建相应的合作金融体系，并以合作组织为平台和着力点，加快金融创新，最终构建区域性甚至全国性的合作金融网络，实现合作经济组织和合作金融的有机结合。

近年来，供销合作社深入贯彻落实《中共中央　国务院关于深化供销合作社综合改革的决定》(中发〔2015〕11号)文件精神，扎实推进供销合作社综合改革，在有条件的地方按照社员制、封闭性原则，在不对外吸储放贷、不支付固定回报的前提下，发展农村资金互助合作，帮助农民解决融资难问题，对农村合作金融的发展做出了有益探索。黄山市供销合作社对农村资金互助模式的探索，正是其中具有代表意义的典范。

在中共黄山市委、市政府的重视和支持下，黄山市供销合作社对农村资金互助服务进行了多年的探索、发展与创新，已经成为当地金融服务农村经济发展的有益补充。截至2020年年底，黄山供销农村资金互助累计发展社员近10万人，互助金归集余额近16亿元，互助金借款余额近12亿元，累计投放互助金借款超60亿元，其中80%以上投向农业项目，先后对近7 000个涉农项目进行了扶持。运营多年来，累计为国家提供税收5 000余万元，社员多得实惠5 000余万元，不良借款率控制在0.5%左右，资金投放率控制在85%以内。

为此，有必要对黄山市开展资金互助的做法进行梳理、总结，编写成册，与各地交流探讨，相互借鉴学习，进而推动供销合作社进一步深化综合改革，探索农村合作金融多样化发展路径，在服务“三农”的路上走得更远、更稳、更优。

全国人大农业与农村委员会副主任委员

国际合作社联盟副主席、亚太地区主席

2020年12月

Preface
序二

农户和农村新型经营主体是乡村振兴的主体，但是，农户和新型农村经营主体发展性信贷融资难的问题，一直比较突出，其主要表现是农户和新型农村经营主体商业金融机构信贷满足率比较低。有研究表明，农户商业金融机构信贷需求满足率仅占34%[①]；据农业农村部农村经济研究中心2018年对1 621个新型农业经营主体的调研，新型农业经营主体存在融资需求者占比高达76.22%，其中仅有42.16%的有融资需求者获得商业金融机构贷款，并且，在获得贷款者中仍然有21.74%没有足额满足信贷需求[②]。

农户和新型农村经营主体之所以存在融资困境，其基本成因在于商业银行以传统模式对其提供信贷服务时面临的三大困境：

一是信息不对称困境。农户和新型农村经营主体地域分布较广，信息收集较难，并且，生产经营活动缺乏系统性的财务记录，而银行信贷活动严重依赖于信息。

二是抵押担保困境。在缺乏充分了解的情况下，要获得商业银行的信贷支持，就需要提供抵押担保，但是，较多农户和新型农村经营主体缺乏商业银行要求的法律意义上规范的抵押担保品，因而产生“融资难”问题。

---

① 何广文，何婧，郭沛.再议农户信贷需求及其信贷可得性［J］.农业经济问题，2018（2）.

② 宋洪远，石宝峰，吴比.新型农业经营主体基本特征、融资需求和政策含义［J］.农村经济，2020（10）.

三是成本困境。因为农户和新型农村经营主体一般经营规模较小，信贷需求规模不大，并且资金到位及时性要求较高，加之农户和新型农村经营主体面临相对较高的生产经营风险和市场风险，这样，商业银行针对农户和新型农村经营主体提供信贷服务的成本相对较高。为了机构自身的可持续发展，一般情况下，面对农户和新型农村经营主体的信贷需求，商业银行要么“慎贷”“惜贷”严重，要么要求较高的利率以获得财务上的补偿，并由此产生了农户和新型农村经营主体信贷“融资贵”的问题。

理论研究表明，合作金融特别是基于成员和社区的合作金融机制，能够利用嵌于农村社区的非制度性因素克服信息不对称、缓解抵押担保难题，不仅能够提升农户的组织化程度，而且可以在有效提升农户创业积极性的同时，有效提高信贷供给效率[①]。

从机制和制度安排而言，合作金融机制，特别是建立在成员、社区和合作组织内部的新型合作金融机制，属于自我金融服务机制，因为其接近需求、信息对称、操作成本低，基于村庄信任、社区信任、人际信任、血缘信任、地缘信任等熟人社会的信任逻辑和行动逻辑而提供信贷服务，因而对风险防控的措施界定较为灵活，与传统商业银行基于网点和人力资源配置信贷资源的模式相比，在满足农户和新型农村经营主体的信贷需求的绩效方面，其制度优势显著，因而，备受政策决策者和理论研究者瞩目。自2004年以来，多个中央1号文件都强调推动合作社内部信用合作，如2017年中央1号文件就明确提出“规范发展农村资金互助组织，开展农民合作社内部信用合作试点”；2019年中央1号文件提出“允许有条件的农民专业合作社开展信用合作”，新型合作金融甚至被认为是普惠金融的基础、

① 何广文，刘甜．乡村振兴背景下农户创业的金融支持研究［J］．改革，2019（9）．

是两亿小农户的选择[①]。

国内合作金融实践模式，实际上是多种多样的。归纳起来，主要有四种类型：一是由地方政府或者政府部门推动并依托农民专业合作社而建立的合作社内部资金互助模式，例如在江苏盐城等地于2007年就开始推动的资金互助模式；二是由供销社创办或领办的农民资金互助社，是在中发〔2015〕11号文件精神感召下的结果；三是由扶贫办和财政部门联合开展的贫困村互助资金试点；四是由农民自发创办的农民资金互助社。

黄山市供销合作社于2014年年底开始的农村资金互助实践探索，也提供了合作金融绩效的实证检验案例：一是实现了服务群体的不断拓展，服务社员群体越来越大；二是实现了服务深度的不断深化，满足了越来越多的农户、新型农村经营主体、城乡小微企业、城市低收入者等弱势群体的金融服务，特别是信贷服务需求；三是从《农村资金互助黄山模式》的解析中也可以看到，其资金互助机制是具有可持续发展能力的。农村资金互助实践探索达到了探索的目的，也实现了农村金融改革和推进农村普惠金融服务深化的初衷，因而，具有较好的示范意义。

不过，改革开放以来，我国金融业发展较快，一是已经基本实现了金融机构的多元化，农村县域金融竞争格局已经基本形成；二是为了推进和深化普惠金融服务，包括银行在内的金融业创新力度也较大，产品和服务供给基本实现了多样化；三是政府促进农村普惠金融深化的财政信贷政策体系基本形成，即使是大型商业银行也存在农村普惠金融服务供给和业务下沉的激励；四是随着信息技术特别是金融科技、数字金融的发展，农村普惠金融的供给格局发生了较大的变化；五是农村金融需求在转型[②]。

---

① 戴相龙. 新型合作金融是两亿小农户的选择. 中国金融，2020（Z1）.

② 何广文，刘甜. 基于乡村振兴视角的农村金融困境与创新选择. 学术界，2018（10）.

因此，在推动合作金融发展的过程中，需要在强化合作金融服务的内部治理、完善风险防控机制和体系、强化内控和防范操作风险的同时，关注竞争所带来的市场风险，同时，进一步在以下领域进行探索：

第一，完善合作金融发展模式，进一步优化生产、供销、信用“三位一体”融合发展机制，提升自我可持续发展能力。

第二，探索利用金融科技如互联网、大数据、云计算等信息数字技术的机制，提升普惠金融服务能力，深化普惠金融服务。

第三，促进金融服务的绿色发展。

第四，创新服务产品和模式，将合作金融的发展演化成有效助推小农融入现代农业发展、助力乡村振兴、促进“双循环”的机制。

中国农业大学经济管理学院教授、博士生导师

农村金融与投资研究中心主任

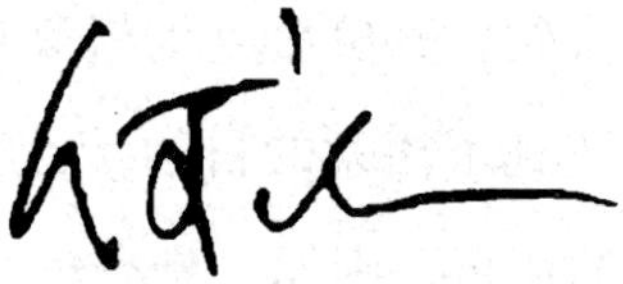

2020年12月10日

Contents

目 录

第一章

徽商积淀：黄山模式源远流长

徽商精神
徽州文化
这是
黄山模式
探索实践的文化养分

第一节 “改革与暴雷”差距有多大

早在2004年，吉林省四平市梨树县闫家村姜志国等8户农民在全国率先探索成立了农民资金互助机构——百信农村资金互助社，它是经中国银行业监督管理委员会（以下简称银监会）批准成立的第一批农村资金互助社试点。虽然其后由于过高的监督管理成本等一系列原因，目前中国银行保险监督管理委员会已经不再对资金互助社进行授牌，然而，农民资金互助组织作为一种自生于农村地区、与农村地区的经济发展联系较为密切的新型农村金融机构，凭借其简便的融资手续、灵活的借款时间以及合理的融资成本等优势，在地方政府政策的正确引导之下依旧遍地开花，随后几年，农村资金互助组织试验在山东、浙江、江苏等地开展得如火如荼。安徽省部分县（市）也相继成立了农村资金互助组织，对支持农民生产、生活，缓解农户借款难发挥了一定的作用。

资金互助的快速发展着实为广大农民带来了莫大的好处，也逐渐成为激活农村金融市场的一条“鲶鱼”。然而，“改革与暴雷”仅一线之隔。在实际运行过程中，一些地区在农民间开展资金互助业务时，表面上打着服务“三农”的旗帜，暗中却通过一系列非法手段骗取广大农民的信任和资金，最终出现非法集资、违规投资、投机经营乃至携款跑路，导致资金互助社倒闭而无法给存款户兑现等现象。这一个个“暴雷”令人触目惊心：2012年10月，某地4家资金互助社利用假的农民身份，承诺以高息非法揽储1.1亿元用于炒卖黄金，到澳门大肆赌博；2015年3月，某市4家合作社因非法吸收公共存款被查封；2015年11月，某地农民资金互助合作社将本社资金非法用于非农用途，投资1.2亿元到安徽某市房地产开发项目；2016年7月，某地谷物种植专业合作社一夜之间关门跑路……。

案 例

安徽省某市资金互助事件

2016年12月29日安徽省某市中级人民法院以被告人张某犯集资诈骗罪，判处其有期徒刑12年，并处罚金人民币30万元，宣判后被告人提出上诉。2017年7月17日安徽省高级人民法院裁定，驳回上诉，维持原判，法院判决如下：法院审理认定“……张某于2014年7月至2015年2月注册成立某市港口供销合作社有限公司、某市西津供销合作社有限公司、某市南山供销合作社有限公司、某市汪溪供销合作社有限公司，以相同的方式进行非法集资。截至案发张某利用某供销协会及港口、西津、南山、汪溪供销社公司共向程某等500余位被害人非法集资人民币3 443万元。……张某、杨某为了规避法律，就以吸收股金并支付股息的模式对外非法集资……”

2018年的全国经济工作会议和全国金融工作会议，就金融风险一再强调：提高金融风险防控能力，守住不发生系统性风险底线。金融工作是全国经济工作的重要组成部分，农村资金互助，涉及基层农村的家家户户，监管相对薄弱，风险防控相对不足，一旦发生金融风险，就会产生“多米诺骨牌”效应，甚至能使经济倒退若干年。农村资金互助“发展历程久远，实践经验丰富，政策支持试点”，但也存在“一管就死、一放就乱、小了没有人关注，大了就出问题，容易偏离为农服务宗旨”的怪圈。农村资金互助如何跳出怪圈稳健起步呢？

第二节　市长之问，能否跳出怪圈

一、从问题出发，开始调研

2014年6月，原安徽省供销合作社联合社理事会主任王首萌在黄山市调研时，与时任黄山市市长任泽锋交流、探讨农村资金互助时提出：黄山市供销社能否围绕农民融资难的问题，牵头搭建农村合作金融服务平台？能否借鉴外地农民资金互助实践，跳出“怪圈”，结合黄山市情、农情，探索创新具有黄山特色的供销农村资金互助模式？

带着这些问题，2014年下半年，黄山市供销社组织团队赴国内农民资金互助起步较早、发展较好的省份考察学习，了解资金互助的发展现状、取得成效的经验、发生问题的原因和风险防控的效果等，并形成了考察报告，专题报黄山市政府及有关部门研究；在此基础上，经反复研究讨论，提出了《黄山市组建供销农副产品专业合作社开展信用合作（资金互助）实施方案》。

市长之问，问道于农，拉开了黄山供销农村资金互助改革和探索的序幕。

二、从方案出发，开启改革行动

2014年9月22日，黄山市政府第十八次常务会议原则通过了《黄山市组建供销农副产品专业合作社开展信用合作（资金互助）实施方案》，并以市政府办公厅名义（黄政办秘〔2014〕45号）转发各区（县）政府、市政府有关部门执行。

随后，黄山市供销社按照批准的实施方案，由黄山市供销社社有企业和安徽省供销社社有企业以资本为纽带纵向联合，作为主发起人，引入民营资本，于2014年11月18日成立了黄山市供销农副产品投资发展有限公司；再由黄山市供销农副产品投资发展有限公司作为投资主体，于2015年上半年，相继在全市各区、县组建了7个供销农副产品专业合作社，在7个合作社内部开展资金互助业务；随后在7个区（县）供销农副产品专业合作社的基础上组建了黄山市供销农副产品专业合作社联合社，指导7个区（县）供销农副产品专业合作社内部开展资金互助业务。充分发挥黄山市供销社的组织优势和网络优势，以生产、供销、信用合作为主体，在黄山全市范围探索供销农村资金互助发展新路径。

2015年5月11日，中共黄山市委书记任泽锋在调研资金互助工作时指出："在合作社内部开展资金互助是一项政策性强的工作，要把准方向、着眼长远、稳步发展，着力提高为农服务水平。"

2015年9月1日，时任黄山市市长孔晓宏亲临指导并指出："资金互助业务是普惠金融，是农村金融的有益补充，要抓好内部管控的制度建设，要走稳走实，行稳致远。"

2015年5月11日，黄山市委书记任泽锋在调研资金互助工作

2015年9月1日，黄山市市长孔晓宏调研资金互助工作

2016年，黄山市金融工作办公室、黄山市农业委员会、黄山市工商局、黄山市供销社联合出台《黄山市供销农副产品专业合作社资金互助业务监管暂行办法》(黄金融办〔2016〕17号)，该办法明确了风险防范处置的第一责任人和监管主体，制定了监管制度和监管内容，落实了相关部门的管理责任。黄山市供销社牵头组建；黄山市农委前置许可；黄山市工商部门依法登记；黄山市金融办牵头监管。

依据实施方案，制定监管办法，落实多部门相关责任，确保了黄山供销农村资金互助于发轫之初就可行稳致远。

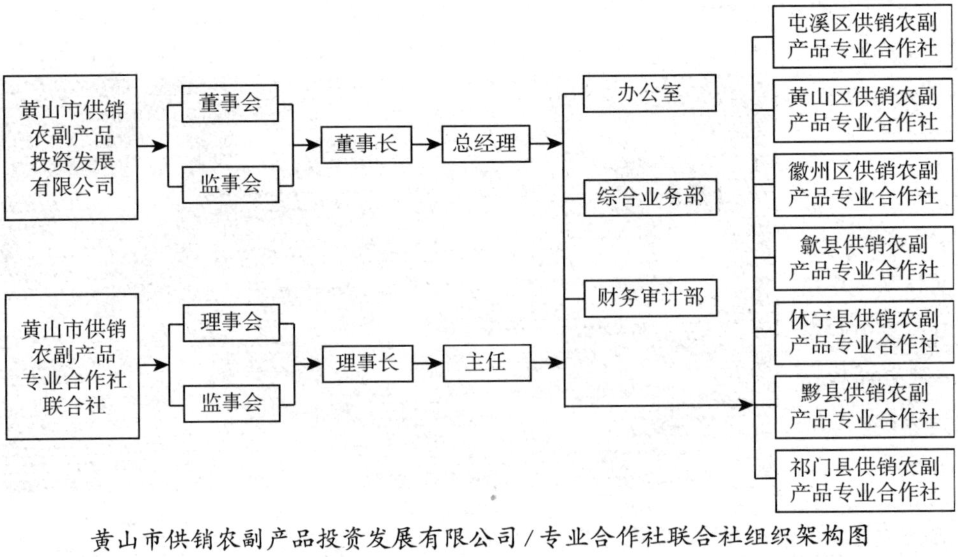

黄山市供销农副产品投资发展有限公司/专业合作社联合社组织架构图

第三节　黄山模式为何能诞生在徽州大地

一、徽州与徽商的乡土文化底蕴

（一）徽州与徽商：具有金融素养的乡土社会

费孝通先生在《乡土中国》中，分析中国农村农民“根性”时写道：“信用并不是对契约的重视，而是发生于对一种行为的规矩熟悉到不假思索时的可靠性。”

徽州，古称歙州、新安。古徽州一府六县，即歙县、黟县、休宁、祁门、绩溪、婺源，府治在现歙县徽城，前4个县现属安徽省黄山市，绩溪县今属安徽省宣城市，婺源县今属江西省上饶市。另外，黄山市还有3个区，屯溪区，黄山区、徽州区。从历史上看，徽州人多地少，物产多样，儒家思想影响浓厚。在明清中国资本主义萌芽过程中，从徽州地区走出了大批商人，他们统称为徽商。儒而好贾是他们的特色，诚信是他们的立身之本。有关商业信誉道德的故事，在徽州历史上不胜枚举。歙唐祁以善治生，致多赀。其父尝贷某甲金，后甲伪以失券告，祁曰：“券虽无，事则有也。”偿之。既而他人以前券至责偿，祁曰：“事虽伪，券则真也。”又偿之。人传为笑，祁曰：“前者实有是事，而后券则真也。”因为商业道德的保证，信用的扩大，遂使徽商能尽情施展其经商之天赋，而得不少的便利。

歙县商人吴南坡，号称南坡布，“人宁贸诈，吾宁贸信，终不以五尺童子而饰价为欺”。以此信念经商，以致“四方争趣坡公。每入市，视封识为坡公氏字，辄持去，不视精恶长短”。清朝绩溪“同德仁”中药店自制的“百补全鹿丸”每年秋末冬初，药店都要邀请各地客户前来观摩该药丸的制作全过程。据明代戏曲家汪道昆在《吴伯举传》中记载：大盐商吴时英的掌计以他的名义向钱庄借了一万六千缗，后来还不了钱，有人劝吴时英不要理会这事，可吴时英认为别人是看重他的信用才借的钱，最后这笔债还是吴时英代还了。

徽商之间还形成了近代意义上的风险互助。清代盐法规定，如在途盐船遭遇风暴而没，盐商必须补运。为此，有的盐商倾家荡产。而歙县商人鲍志道倡议，每当一条盐船沉没，其他众盐商赞助，帮其补运，称为“津贴法”。

诞生在徽州大地上的黄山供销农村资金互助正是积极利用并充分发挥了这一千古传承的优势，形成了广泛的红利。黄山供销农村资金互助因内生于农村，服务于熟人，站位于地缘优势，其风险防控管理异于一般金融机构。

（二）徽州钱庄与契约精神

在近代银行诞生之前，为助推茶叶、盐业等商品的经营形成了一整套联系乡村与城镇覆盖广泛的钱庄体系，其中包括影响深远的江南“徽会”。其中“做会”制度即以个人信用为担保，获得低息借款。自明清以来，江南各地流行“徽会”，虽并非都是徽州人，但均按照徽州约定俗成的规范“做会”。

在徽州，商业精神与契约文化还体现在留存至今大量的徽州文书中，“民间执业，全以契券为凭。如后有恩赐，不在免限。”“官有政法，民从私契。”甚至连朝代更替，官府已经荡然无存，而民间私契依然有效，在徽州，至今仍存有南明时期徽州土地买卖白契。

正是在这种儒家文化和乡土社会的影响下，才形成了发达的民间金融和借贷体系，以及在此基础上形成的契约精神。

（三）徽商伦理与“三不朽”

徽商将契约精神伦理化。徽州商人余英时认为：虽然明清徽商没有西方清教商人特有的“天职”观念和“选民前定论”，但是他们发展出一种超越的精神，赋予了自己毕生从事贾业以庄严的意义和客观的价值，并由此发展出高度的敬业和自重的意识，尤其重视自己的“名”和“德”，他们的社会自觉日渐清晰，已自觉“贾道”即是“道”的一部分。如从清朝康熙年间徽州修府志时，在人物志中专门列“尚义”门类。而将契约精神伦理化，视为信仰，在徽州人言行中也不断得到体现。徽商梅庆余以“诚笃不欺人，亦不疑人欺”。黟县舒遵刚说：“钱，泉也，如流泉然。有源斯有流。今之以狡诈生财者，自塞其源也。”歙县许宪家谱载：“惟诚待人，人自怀服；任术御物，物终不亲。”休宁商人陈世谅将“以至诚相感召，夷亦敬而惮之”写入宗规。歙县商人鲍雯告诫子孙在经商过程中“一切智巧奸诈悉屏不用，但推至诚待人，其后渐致赢余”；商贾“虽与时逐，而错行如四时；时作时长，时敛时藏。其与天道，盖冥合也”。因此，他们自然也可以“创业垂统”。如明末商人程周有“贾居江西武宁乡镇，遂至殷裕，为建昌当，为南昌盐，创业垂统，和乐一堂”。

在中国自古相传的“立德、立功、立言三不朽”中，徽州商人至少可以希望在立功和立德两项上一显身手。因此，商贾若尽心于所业即同是为圣人之学，绝不比“士”低。

二、供销社能成为乡土中国的黏合剂

（一）新时代召唤供销社优势再造

2017年，中国共产党第十九次全国代表大会立足社会主义现代化建设的全局，首次提出了实施乡村振兴战略，并将其与科教兴国、创新驱动发展、区域协调发展、可持续发展等战略并列为七大国家战略。这既是对社会主义新农村建设的继承与发展，更是新时代“三农”工作的总要求与新目标。供销合作社是为农服务的合作经济组织，长期扎根农村，服务农民，供销人一直保留着“扁担精神”[①]。供销合作社不仅具有比较健全的经营服务网络，具有一支“懂农业、爱农村、爱农民”的供销合作事业干部队伍，而且又具有自身的独特优势。与政府行政部门、一般市场经济主体、社团组织相比，供销合作社既能充分发挥市场在资源配置中的决定性作用，增强发展活力，又能更好地发挥政府作用，弥补市场失灵。这些特点与优势赋予供销合作社特殊使命，应该而且能够在乡村振兴中发挥不可或缺不可替代的作用。

在深化供销综合改革之际，黄山供销人更是抢抓机遇乘势而上，充分利用自身拥有丰富的农村网点资源、农村市场运作经验丰富、在农村市场口碑良好的品牌优势，坚守“面对现实，贴近‘三农’，放下身份，埋头发展”的初心，深耕农村大市场，努力实现凤凰涅槃浴火重生。2016年改制成立黄山供销集团，建立现代企业的基本架构之后，产权关系一经明晰，机制立即被激活，优势进一步被放大，通过市场化运作，形成了工业制造、现代农业、农村合作金融、农村流通网络四大业务板块，目前在安徽省供销系统综合排名位居前列。

（二）十年政策确立组织基础

农民合作社和供销合作社成为开展资金互助的组织基础，历经了十年政策发展。2004年中共中央和国务院联合发布1号文件，开始“鼓励有条件的地方，在严格监管、有效防范金融风险的前提下，通过吸引社会资本和外资，积极兴办直接为‘三农’服务的多种所有制的金融组织”。但是

---

① 扁担精神发源于供销系统。多年来，供销系统广大干部职工用一根扁担、一副铁肩、一双脚板，把一担担生活用品送下乡，将一担担土特产品挑进城，把党和政府的温暖送到千家万户。

这一时期缺乏相应的金融监管和法律规范。

2005年国务院发布的《关于2005年深化经济体制改革的意见》明确提出，要“探索发展新的农村合作金融组织”。2006年中央1号文件正式提出了“引导农户发展资金互助组织”，这是当时在农村出现的新名词、新组织。经过几年的政策与实践的铺垫，2007年，银监会出台了落实放宽农村金融市场准入的政策。之后的一段时期，不断有新的政策文件出台。比如2009年的中央1号文件提出要“抓紧出台……对农民专业合作社开展信用合作试点的具体办法”；2013年年底中国共产党十八届三中全会关于“全面深化改革若干重大问题的决定”中，还提出了发展普惠金融，鼓励金融创新；2014年中央1号文件更加指明“在管理民主、运行规范、带动力强的农民合作社和供销合作社基础上，培育发展农村合作金融……推动社区性农民资金互助组织发展”，并首次提出“发展新型农村合作金融组织”。

为深入贯彻党的十八大及十八届三中全会精神，按照党中央、国务院的部署，中华全国供销合作总社决定按照“改造自我、服务农民”的总要求，推动我国供销合作社综合改革。综合改革试点的主要内容之一就是以合作金融业务为重点，建立符合农村实际的新型合作金融服务体系。至此，历时十多年的政策完善，确立了农民合作社和供销合作社为开展资金互助的组织基础。

同时需要提出的是，在此期间，在银监会“暂缓”审批农村资金互助社牌照的情况下，各项政策依然在引导各地培育和发展资金互助。例如，2008年10月的中共十七届三中全会决定“允许有条件的农民专业合作社开展信用合作”；2013年11月的中共十八届三中全会决议则进一步简化为“允许合作社开展信用合作”，删去了“有条件的”和“专业合作”等字眼儿，大大放宽了在合作社基础上开展资金互助的政策空间。这是中共中央对农村改革的最具含金量的改革举措之一，是建立新型农村合作金融的必然选择，是调动亿万农民投入改革的力量源泉。

（三）历史积淀助推乡村治理

以供销社为代表的农村合作经济，曾于20世纪初在中国诞生和发展，被视为改造中国农村，改造国民性，救亡图存的路径。孙中山先生作为中国革命的先行者，也是合作经济的先行者，他主要推崇消费合作社，主张“由社会团体来分配货物”。代表性的人物还有薛仙舟、梁漱溟等。薛仙舟在《中国合作化方案》中认为，“及至每个小村落、每个工厂、每个团体、每条马路、每条里弄皆有合作机关星罗棋布，全国合作化了，然后全国问题才能根本解决，然后革命才算真的成功”。梁漱溟先生的合作理论与实践独树一帜，组织农村合作社是他“乡村建设理论”的一个重要方面。他认为，“合作社之所由起，实在是经济压迫下弱者散者的一个防卫与自救”，“中国社会是一个顶软弱散漫的社会，所以顶需要合作，顶容易走上合作的路”。他主张生产合作，中国最大的问题、急迫的需要就是所谓“造产”。“造产”即我们讲的“财富增值”或“开发产业”“改进技术”。“所以如果合作是应于需要而来的话，那么中国的合作绝不是消费的合作，一定是生产的合作。”

毛泽东在《湖南农民运动考察报告》中，把农村合作社运动列为农民运动的“十四件大事”之一：“合作社，特别是消费、贩卖、信用三种合作社，确是农民所需要的。他们买进货物要受商人剥削，卖出农产要受商人的勒抑，钱米借贷要受重利盘剥者剥削，他们很迫切要解决这三个问题。去冬长江打仗，商旅路断，湖南盐贵，农民为盐的需要组织合作社的很多。地主卡借，农民因借钱而企图组织‘借贷所’的亦所在多有。”他又指出：“假如有适当的指导，合作社运动可以随农会的发展而发展到各地。”

早在20世纪初，中国就开始了合作事业，产生了消费合作社，而在“五四”运动后，中国的合作事业向多个领域扩展，消费、信用、生产诸多方面的合作事业相继兴起。最早的农村合作社是1923年彭湃领导的广东海陆丰地区农民协会；此外，以消费、贩卖、信用合作社为主要组织形式的农村合作社运动在湖南、湖北、广东等省的农村也蓬勃兴起。1927年，由于大革命的失败，农村合作社运动被全部破坏。

自中华人民共和国成立后，党和政府始终把合作社作为深入农村的网络和抓手。在当时，我国设立了生产、供销和信用三大合作组织，但随后，在“文化大革命”期间，农村信用社等遭到冲击和取消。

1984年的中央1号文件明确提出，要把农村信用社“真正办成群众性的合作金融组织”。按照去官办、恢复合作经济性质的思路，中国农业银行逐步推动农村信用社管理体制改革，着重恢复信用社合作金融性质，强化其民主管理、灵活经营。此时的中国农业银行和农村信用社在全国的营业机构超过8.5万个，成为我国农村金融服务的主要力量。但农村信用社后来因为商业化改制而组建农村商业银行，又逐渐失去了合作金融的特性。

从合作经济的历史积淀来看，目前供销社还保留着较完整的合作经济特性，对合作经济的探索，就是对中国乡村治理不断优化的探索，其本质是对乡村治理肌理的探索。

目前，全国供销系统在农村拥有较完整的产业链。截至2018年年底，全国供销系统的经营触角和服务领域已经覆盖75%以上的行政村和95%以上的乡镇，全系统拥有资产1.2万亿元。数据显示，2019年，全系统企业实现营业收入1.8万亿元、利润总额466.6亿元。中华全国供销合作总社理事会主任喻红秋在2020年9月中华全国供销合作社第七次代表大会上表示，近年来，全系统累计改造新建基层社7 515家，总数达3.2

万家，基本实现涉农乡镇全覆盖。供销系统是我国规模最大，经济实力较强，业务领域较多的综合性经营服务组织，供销系统也承载着未来农村合作金融的发展重任。截至2018年9月，全系统有各类资金互助组织745家，互助金归集余额124亿元，借款余额98.6亿元，有限地满足了部分农民融资需求。因此，开展资金互助或合作金融，坚持供销社主导，意义重大。

三、资金互助能成为乡村金融的有益补充

（一）创新实践由来已久

资金互助组织的发展历程与创新实践，可以划分为三个阶段，即2004—2006年的艰难探索阶段、2007—2011年的常规化发展阶段以及2012年至今的遍地开花的合作社培育资金互助阶段。

2004—2006年是艰难探索阶段。2004年7月10日，吉林梨树县闫家村8户农民在全国率先探索创建了农民资金互助合作社组织和制度，挂牌成立了中国第一家资金互助社——吉林梨树县闫家村百信农村资金互助社。这一组织当时虽然没有得到相关部门认可，但顺应了农民和市场的需求，不仅解决了农民的借款难问题，而且提高了农民的信用组织化程度，受到了广大农民的拥护和欢迎。这段时期各地都在进行农民合作社和资金互助的实践探索，但有较大风险，各地都存在是否合法的顾虑，但政策层面已经开始做出引导性的鼓励。

2007—2011年是常规化发展阶段。2007年，农村资金互助组织面临的政策环境有了巨大变化：一是《中华人民共和国农民专业合作社法》的出台；二是政府放宽农村金融市场准入，鼓励设立三类新型金融组织（村镇银行、农村资金互助社、贷款公司）。2007年3月，吉林省梨树县闫家村百信农村资金互助社得到第一张资金互助社的金融许可证，标志着资金互助

组织进入到了常规化发展阶段。之后，全国各地资金互助社在银监会《农村资金互助社管理暂行规定》（银监发〔2007〕7号）和《示范章程》的引导下，开始了千军万马挤独木桥的努力。经过严格审核，最终只有49家农村资金互助社得到了金融许可证和牌照。

在此期间，安徽省也出台文件规范农村资金互助社。2010年4月23日安徽省第十一届人民代表大会常务委员会第18次会议通过了《安徽省实施〈中华人民共和国农民专业合作社法〉办法》，其第十二条规定“有条件的农民专业合作社可以开展信用合作，为本社成员从事农业生产经营活动提供资金支持，支持有条件的农民专业合作社兴办农村资金互助社”。

2012年至今是遍地开花的合作社培育资金互助阶段。2012年银监会“暂缓”审批农村资金互助社牌照。但此时各项政策仍在引导各地的合作社培育发展农村资金互助。中央政策文件仍然在鼓励农村的金融创新，包括中国人民银行和银监会等都在另辟蹊径发展农村金融。各地政府、农村精英等群体推动产生，或者经农民自发、地区自发而产生的农民资金互助社层出不穷，并形成星火燎原之势。

总之，农村资金互助社从政策上的松动，到实践上的萌芽，再到现在的遍地开花，资金互助制度从民间试点到国家政策认可的转变，资金互助组织也从一个小村庄复制到全国各地，这一巨大的变化，是农民群众生动而伟大的实践，它回应了改革要求、市场需求和农民利益诉求，是农村金融的有益补充，理应优化升级。

（二）行业自律势在必行

对于当前的农村资金互助组织来说，一方面，党和政府为资金互助组织的发展和改革提供了很宽松的政策环境，鼓励农民依法开展信用合作；另一方面，总有一些不法分子，钻政策的空子，打着资金互助或者是合作社的名义进行集资诈骗，给农民财产带来了极大的损失，也使农村合作金融事业蒙受了“不白之冤”。这些诈骗案例和违法经营行为为农村资金互助组织的发展敲响了警钟，也给在农村依法开展信用合作带来了相当大的挑战。农村资金互助组织要想进一步规范发展，必须加强合作、行业自律与监管。

在市场经济蓬勃发展的新时期，国际金融竞争与合作格局初步形成，单个合作社由于受资金和实力的制约，在组织、销售、购买和竞争力方面都处于劣势。为形成规模优势，提高合作社盈利能力和发展潜力，在市场经济条件下实现资金互助社的联合与合作，加强行业自律是当前的唯一出路，同时也是互助社应对风险的必要措施，是顺应市场要求的必然选择。合作金融的优势就在于：它为社员所有，社员内部这种相互熟悉、知根知底的关系可以使资金互助组织在资金归集和资金投放的过程中起到相互监督、相互约束的作用。这也提醒我们，一定要把握住合作金融合规合法的度，内部必须规范运营。为此，要成立合作联合组织，形成上下垂直的自控监管，把风险化解到组织内部。从资金调剂、风险控制、遵循市场规律以及合作金融自律发展需要的角度来看，联合也是当前农村资金互助组织发展的一个重要趋势，通过联合社加强资金互助组织的行业自律，以监管促规范。

第四节　小　结

“新安江水碧悠悠，两岸人家散若舟。几夜屯溪桥下梦，断肠春色似扬州。”这是郁达夫笔下的徽州，一座美丽的皖南山城。在胡适笔下，徽州人号称“徽骆驼”，当年他把徽州人拼搏进取、负重致远、百折不挠、吃苦耐劳的创业精神比喻成“徽骆驼精神”。黄山供销农村资金互助诞生于徽州大地，党中央国务院在政策上有支持，徽州在乡土文化上有底蕴，供销社系统在为农服务网络上有优势，各地农村资金互助在实践探索上有经验……。黄山供销农村资金互助立足当地，面向“三农”，作为一项创新实践，积极回应了深化供销社综合改革的要求。

第二章

市场需求：黄山模式应运而生

向农而生

绕不开农民如何获得金融权

绕不开农村金融现状

绕不开融资难问题

绕不开跳出怪圈探索新路径

绕不开黄山农情

打通为农服务最后一公里

打通乡土中国的毛细血管

这是

黄山模式

探索实践的方向

第一节　农民金融获得权为何如此重要

在当今社会，金融获得权已然成为一项关涉人生存和发展的基本权利。那么，为何金融获得权对解决“三农”问题是如此重要呢?

金融获得权

所谓金融获得权，指的是每一个人以可承担的成本享受公平合理的金融服务的权利。在现代社会，金融获得权是人类发展所必须拥有的权力。很难想象一个社会不存在银行，也很难想象一个企业不存在融资。而在中国一些偏远农村，长期以来，向银行借钱并不是一件容易的事，农村失血的一个显著原因是农民金融获得权的缺失。中国社会科学院发布的《“三农”互联网蓝皮书》指出，自2014年起，“三农”金融缺口超过3万亿元，只有27%的农户能够从正规金融渠道获得借款，40%以上有金融需求的农户难以获得借款。农村金融落后，制约了农村发展，成为各方共识，也是我国今后经济发展进程中需要面对的重要问题之一。

农民金融获得权所对应的农村金融，作为农村经济发展中最为重要的资本要素配置制度，在农村经济发展中的作用越来越显著。农村金融的功能是促进农村经济发展以增加农民收入和减少农村贫困，农村金融的特点是涉及面广、政策性强、管理较难、风险较高。但是，目前农村金融体系所提供的金融服务远不能适应和满足农村经济和社会发展的需要。农村金融体系与经济发展的矛盾越来越突出，农村资金短缺和农村资金非农化问题同时存在，不利于乡村振兴，不利于推进农业现代化。

从空间上看，金融获得权呈现出极大的差异性。在城市，由于银行差异化的金融服务标准，金融获得权较容易得到满足；在农村地区，尤其是远离省会城市和经济欠发达的农村地区，农民融资的主渠道仍然是“亲朋好友”。

从时间上看，自改革开放以来，以“家庭农场”为代表的新型经济体创业，农村业态已经发生了巨大的变化。农民从单个自然人的小农经济已经越来越多地成为小农场主、小企业主等小微经济体，他们从事规模化、标准化农业生产，也从事服务于农业的现代服务业，产业规模和产业质量发生了巨大变化。在这样巨大的变化下，这些从事农业生产的小微企业其资金需求依然主要靠的是亲朋好友。少数农民致富了，手中有了闲钱，他们也大多没有理财渠道，只能把钱存在银行，形成农村地区脱离于现代金融服务业之外，成了自我粗放生长循环的封闭区的状况，各种问题丛生。银行系统从某种意义上说，成了从农村地区吸收存款到城市的“吸管”，这就造成了原本需求资金支持的农村反而向城市输血的现状。

所以，农村民间金融是在客观供求刺激下，农村民间自发组织形成的“为民间经济融通资金的所有非公有经济成分的资金运动”[①]。从这个意义上看，农村合作金融满足了农民金融获得权，是农村商业性金融的有益补充，也是世界各国农村金融体系的重要组成部分，有必要、也需要得到较大的发展。

① 姜旭朝在其《中国民间金融研究》一书中对民间金融的定义为：“民间金融，就是为民间经济融通资金的所有非公有经济成分的资金运动”。

第二节 “官方”与“民间”农村金融的最后一公里

正如改革开放初期，我国形成了“官方”与“民间”两个市场一样，长期以来，我国农村金融的发展同样是在两个完全不同的领域，以两种完全不同的方式并行推进，这就是横亘在“官方”与“民间”农村金融的最后一公里。

一、难以落地的农村金融服务

长期以来，我国形成了不同层次的农村“官方”金融服务，为农村地区经济发展提供了有力金融支持，中国农业银行、中国农业发展银行、农村信用社、中国邮政储蓄银行和村镇银行等金融机构，为农服务作用不容置疑，但也存在进一步提升的空间。一是中国农业发展银行作为政策性银行，对农民起到的是间接作用，因为其在基层不设网点，不直接对农户提供服务。二是农村信用合作社目前大都已经实现商业化方向改制，成立了农村商业银行，有一部分也改为合作银行，但同时也逐步失去了合作经济的优势，如何进一步增强为农服务的特性，尚待实践检验。三是其他商业银行金融机构也或多或少有偏农、离农、脱农等倾向。不同层次的农村“官方”金融服务体系整体功能依然满足不了农村经济的快速发展，导致部分金融服务难以落地农村。

二、水土不服的商业银行借款服务

在城市风生水起的商业银行，在农村金融供给中表现出一定的“水土不服”，其中既有总量问题，也有结构问题，其中结构问题更为突出。总量问题表现在两个方面：一是农村地区金融资源总量不足，仅以涉农贷款为例，近年来新增农业贷款增速长期低于同期新增贷款增速。农业保险长期以来发展缓慢。二是存在“抽血效应”，通过农村金融机构购买债券、资金拆借汇划等形式，每年都有大量农村储蓄资金流出农村地区，进一步削弱了农村金融供给能力。

结构问题主要表现在三个方面：一是弱势群体特别是微型企业和农户的金融资源获取不足；二是金融资源的分布存在一定的地域不平衡；三是金融服务供给存在一定的不平衡。农村地区的金融服务存在重资金归集、轻资金发放的“吸血”特征。突出表现为提供存款汇兑的金融机构与金融服务较多，提供信贷等资金供给的金融服务匮乏；提供人身险保障的保险机构较多，提供生产型保险保障服务的机构相对较少。

三、生生不息的农村民间金融

总的来说，农村“民间”金融服务表现为两种形式，特点是散、乱。同时，针对散乱问题，经常进行周期性整治，但由于其需求客观存在而生生不息。

（一）农村民间金融的原始形式

其一是私人借贷。这是人类最古老的经济活动之一，在农村普遍存在。其二是钱会。这是各种形式的带有互助合作性质的自发群众融资形式，其内部结构和运作方式，一般由若干人组成，相互约定每隔一段时间开会一次，每次聚集一定的资金作为会额，交给会员中的一人使用，基本上不以营利为目的。每次交给谁使用一般有“摇会”“轮会”“标会”三种形式。其三是私人钱庄和钱背。钱庄是指采取合伙制和股份制成立的，为借贷双方提供担保，以中小企业为放款对象的组织；钱背是指借贷成交的中介人，为借贷双方牵线搭桥，从中收取手续费和信息费。二者均为以盈利为目的的机构化和半机构化的私人资金中介组织。

（二）一些直接融资形式

主要是民间集资，指农户或者企业未依法也未经有关部门批准，以发行股票、债券、彩票、投资基金及其他债权凭证的方式，向社会公众筹集资金，并承诺在一定时间内以货币、实物等形式向出资人还本付息的行为。一般具有资金总额较大、利率较高、期限较长的特点。政府对此一般采取在法律和政策方面的金融抑制等措施。

第三节　农民金融获得权之难原因何在

一、需求“小、频、急”

农村经济发展在创造金融资源的同时，也在为农村金融不断创造需求。特别是农业再生产过程中对自然条件的高度依赖，成为传统农业弱质的根源。由于农业生产周期长以及内在的生态、自然属性，导致农业生产的技术进步和技术运用要比工业部门困难得多，因此农业劳动生产率提高的局限性相对较大。农业的高风险性决定了农业投资的高风险性，资本的趋利性决定了商业性金融资本规避农民、农业和农村。农业的高风险性和资本的趋利性这一对矛盾，正是农村民间金融存在和发展的先天基础。

农业项目的风险比较大，受自然灾害的影响显著。同时农村资金的需求具有季节性，一般和农业生产同步，资金需求具有“小、频、急”的鲜明特征。我国农村户籍人口超过5亿人，其中2亿多农户，平均每户经营耕地8亩①左右，98%是小农户经营，小农户生产规模小，成本高，风险大，收益低，严重不利于现代生产技术的运用，严重束缚了农业生产力的发展，直接降低了银行对农户金融放款的风险偏好。在这样的情况下，可以看出资金的需求比较分散，单笔的需求规模不大。

二、可抵押品少，交易成本高

无论是广大的农民，还是数量众多的农村个体经营户、专业合作社、涉农企业，一般都缺少有效的抵押物。农民融资，宅基地不能抵押，生产资料不容易抵押，土地经营权抵押的可行性不高，生活资料也很难抵押。同时，商业银行在农村的经营网点较为分散，导致金融服务的成本居高不下，农民就更加难以获得金融产品。

三、农村乡土社会与现有金融体系的不适应

金融是不同经济主体之间的交易，是社会行为。农村社会的封闭性决定了只能在比较固定的范围互通有无，以血缘、地缘为依托的社会信用的可靠性决定了借贷行为的可行性，农村社会的道德约束使“面子”成为抵押品，这是农村内生金融存在的社会基础。

---

① 亩为非法定计量单位，1亩≈667米^2。——编者注

自2003年以来，我国坚定不移地推进农村信用社深化改革，出台多项扶持政策，加快农村金融创新发展。在推动产品和服务创新方面，精准发力乡村振兴，稳妥有序推进农村承包土地经营权和农民住房财产权抵押贷款试点，推动试点工作提质、增量、扩面；探索开展大型农机具抵押、农业生产设施抵押、供应链融资等业务，但推进力度远远不够。

信用信息是金融机构和担保机构进行客户筛选、风险评估以及风险补偿的根本依据。但农村受地域限制，目前还没有形成完整的征信体系。黄山供销农村资金互助在资金互助借款业务实践中，经常发现很多农民没有征信活动，记录是一片空白。在担保方面，土地、宅基地等抵押物，受到政策、法律等方面因素的限制，导致农民借款只能是信用或保证的方式。由于风险不能转移或释放，导致银行贷款意愿不高，这样也降低了银行惠农扶农的积极性。

四、农村金融具有双重二元性矛盾

中华人民共和国成立以后，由于推行工业化发展战略，实行二元经济结构，转移农业剩余劳动力以推动现代化，这就必然出现农村金融抑制等问题，这也是农村内生金融存在的政策因素。在这一过程中，存在两个矛盾：一个是存在农村金融体系和城市金融体系的“顺差”，导致农村信贷的供给远远低于城市，农民信贷的可及性低，农村金融剩余流向城市，农村向城市输血。另一个是存在农村金融体系中的一般金融主体和新型金融主体的矛盾，农村一般金融主体受国家政策的保护和支持，但对农民融资的需求性满足还远远不够，服务高效性、产品的接地气等方面有较大的提升和改进空间。而农村新型金融主体靠服务优势、产品接地气，可以满足农民的融资需求，但难以得到政策的明确支持和法律的认可，使得部分新型金融主体融资贵，并在一定程度上积累了金融风险。

双重二元性矛盾还表现在金融体系建设须进一步健全。由于农村金融一直处于劣势，导致农村金融总的资金量投入不足，除了国有银行和邮政储蓄、农村商业银行等银行外，很多银行没有在农村设立网点的动力。同时，农村信用状况参差不齐，金融支农环境复杂，尽管近年来出台了很多政策，加大了农村信用体系建设工作，但银行发放农业借款还是有所顾忌，不敢贷、不能贷、不愿贷。

农村缺乏有一定素质的金融人才，农村金融产品创新不足。农村金融的发展除了资金注入、政策的支持外，还离不开金融方面的高素质人才。金融人才的数量和质量直接决定了为农服务的水平，也决定了农民融资的效率。同时，金融产品的不足，主要是因为农产品单一，涉农产业规模小，市场竞争缺乏优势，农业收益靠天吃饭等，因此涉农产品风险大、收益低，导致金融产品创新动力不足。另外，金融业态也不丰富，农业保险、理财、担保等未有效匹配农村经济的发展速度。凡此种种，直接导致农民融资的可获得性差。

五、相关法律政策有待完善

目前，我国对农村金融的政策客观上支持较多，供销合作社发展农村金融业务也得到了国家相关政策的大力支持。

2006年中央1号文件首先提出："引导农户发展资金互助组织"，此后历年中央1号文件大多有所涉及。

2006年习近平总书记担任浙江省委书记时，就提出了供销社要发展生产、供销、信用"三位一体"的宏伟构想。

2013年10月《国务院研究深化供销合作社改革发展有关问题的会议纪要》要求开展改革的试点工作，积极支持金融机构依托供销合作社基层网点延伸服务，满足农民对基础金融服务的需求。

2014年中共中央、国务院印发《关于全面深化农村改革加快推进农业现代化的若干意见》（中发〔2014〕1号）明确：以合作金融业务为重点，建立符合农村实际的新型合作金融服务体系，作为供销社综合改革试点的一项重要内容。

2015年3月23日，《中共中央国务院关于深化供销合作社综合改革的决定》（中发〔2015〕11号），对供销合作社参与农村金融发展提出了更为明确的要求，指出“发展农村合作金融，是解决农民融资难问题的重要途径。有条件的供销合作社要按照社员制、封闭性原则，在不对外吸储放贷、不支付固定回报的前提下，发展农村资金互助合作。有条件的供销合作社可依法设立农村互助合作保险组织，开展互助保险业务。允许符合条件的供销合作社企业依照法定程序开展发起设立中小型银行试点，增强为农服务能力。”

2018年9月26日，国务院《乡村振兴战略规划（2018—2022年）》指出“引导农民合作金融健康有序发展”。

跨越十多年，宏观政策陆续出台，助力农村金融发展，说明解决农村“融资难、融资贵、融资慢”问题是一项艰巨的任务，也是一项长期的任务。但是跨越十多年，国家有关部门还一直没有建立起有关农村金融方面完善的法律法规体系，主要体现在以下两个方面。

（一）缺乏专门针对农村金融的法律

截至目前，农村金融都没有因地制宜地按照农村金融市场需要，有针对性地制定法律规范，导致农村金融发展缓慢。由于没有具体的法律条文指导，一些金融服务主体无法在服务“三农”中充分发挥应有的作用。而农村资金互助等农村合作金融组织，在发展中缺乏明确的规范条文，大多游走在灰色地带，容易积累法律风险。

（二）农村金融改革动力不足

政策上有支持，但法律上无规范，究其原因，主要是对农村金融改革的原动力不足。同时，由于没有很好地对农村金融成效和创新进行有效的总结，导致农村金融改革难以平衡风险与发展的关系，政策难以落地或创新难以开展，阻碍了农村金融的创新与发展步伐。

农村合作金融的发展任重而道远。

第四节　农村资金互助，路在何方

一、从合作金融到资金互助

总体看来，合作金融是一种信用活动或信用组织形式，在这种形式下，人们根据互助合作的原则，自愿出资入股，以获取生活或生产中的成本融资。目前，这类行为被认为是一种狭义上的合作金融。而从广义上看，合作金融，指所有按照全球公认的互助制原则发展起来的资金互助组织。

最早的合作制原则是1844年在英国创立的罗虚代尔原则。在100多年的发展过程中，合作金融的组织原则随着时代的变化而不断演变。目前，学者们研究归纳出合作金融的组织原则有自愿加入、集股纳费、自我服务、民主管理、自我约束、自负盈亏等。前三者源于合作金融的自然属性，后三者源于合作金融的社会属性。作为一种特别的金融形式，合作金融有自身的独特性：第一，自愿性。合作金融是经济上的弱小者按照合作制的原则，以自愿入股的方式组织起属于自己的金融组织。第二，互助性。互助资金主要来源于社员，也主要用于社员的生产与生活。第三，不以营利为目的，合作金融的目的在于满足社员的基本资金需求。第四，离不开国家和政府的允许和扶持。合作金融组织需要政府给予税收优惠和财政补助等方面的支持。

二、合作金融的形态分析

目前,我国合作金融的主要形式有五种：一是农民合作社内部信用合作。是在农民专业合作社的基础之上成立的，与专业合作社存在着较为稳定的经济关系。合作社外部人员也可以入股，但互助金只能为入股人员所用。二是银监会批准的农村资金互助社。这类资金互助社自首批49家审批后就暂停审批了。三是供销社领办或创办的农村资金互助合作组织。四是社区性的合作金融。五是基于互联网的新型合作金融，例如P2P。

从资源配置和利用的角度，农村民间金融如何规范和发展已经成为不能回避的问题。农村资金互助组织在发展过程中，以其强大的补充作用，以其多样的资金融通模式，给广大农户提供了全方位的融资渠道与平台，有效缓解了农民在农业生产经营过程和生活上的资金需求。大量的现实案例表明，农村资金互助组织是一个在当前形势下可以有效解决农村借款问题的重要途径。

然而作为农村合作金融的一种新型组织，在实践过程中仍面临各种风险，诸如管理风险、流动性风险、信用风险、操作风险和市场风险等。如何更好地防控这些风险成为当下资金互助健康有序开展工作的重中之重。如何跳出怪圈，规范发展，更是资金互助探索实践的方向。

第五节 向农而生，绕不开黄山农情

“农，天下之大本也，民所恃以生也。”山多地少，以经济作物为主，分散经营、规模效益较低，是黄山市的基本农情。

黄山市和全国大多数地区一样，农村金融服务的短板主要表现在现有的金融体系无法满足农村金融需求。一般农户很难具备借款的条件，如抵押、质押、担保等，并且在村镇办理抵押品的手续也很麻烦。

黄山市农业“小、散、弱”，一直是制约黄山农业发展的瓶颈。但同时黄山的农业还具有一个显著的特征，那就是名气大，品牌多。

黄山市基本农情

气候：黄山市是安徽省辖地级市，位于安徽南部，新安江上游，属亚热带季风温润气候，地形以山地为主。

人文：黄山市属于古徽州，人多地少，物产多样，儒家思想影响浓厚。在明清中国资本主义萌芽过程中，从徽州地区走出大批商人，他们被统称为徽商。“贾而好儒”是他们的特色，诚实守信是他们的立身之本，实践创新是徽商兴旺发展之路。

茶林经济：“八山半水半分田，一分道路和庄园”，徽州（即黄山市）当地发展农业，自身条件不足，山多，耕地面积少，粮食不能自足自给，传统的粮食产业如水稻、小麦，都难以形成规模化种植。但茶叶、竹木等经济作物却异常丰富，是典型的茶林经济。

茶林经济特征：茶叶、竹木等经济作物有明显的季节性特征，这种季节性特征伴随着资金的需求和积累而高度集中。茶叶、竹木等经济作物在采摘收购季节，需要大量的资金，资金需求高度集中，一般在2～3个月的时间内；而在农闲季节，资金则有大量的富余和积淀。这是金融赖以生存的根本，调有余而补不足，有存款的需求，有融资的需求，所以徽州当地的民间借贷很活跃。

茶产业：黄山茶叶（黄山毛峰、祁门红茶、太平猴魁）质量好、品牌优，早已走向全国乃至享誉世界。全市现有全国茶叶百强企业9家，居全国地级市之首。还拥有国家级、省级农业标准基地28个。黄山市有茶园面积超70万亩，是全省茶叶主要产区之一，也是黄山毛峰、祁门红茶、太平猴魁等名茶产地。茶叶一直是当地农业的主导产业和70多万茶农的重要收入来源。茶叶综合产值上百亿元，在全国地市级产茶区排在第一方队。小罐茶业有限公司跻身中国茶叶品牌传播力和中国茶企双“十强”，“祁门红茶”品牌连续多年荣膺中国“品牌价值十强”。

旅游产业：黄山市是典型的山区农业市，也是全国乡村旅游的起源地。在全市9 800多千米^{2}超140万人的版图上，可供旅游观光的景点60余处，其中5A级景区、4A级景区合计超23家，据《2019年黄山市国民经济和社会发展统计公报》显示，2019年全年黄山市接待海内外旅游者7 402.21万人次，旅游总收入659.45亿元。

近年来，黄山市产业融合步伐加快。全市规模以上农产品加工企业产值稳步提升，农产品电商销售额突破14亿元。农业产业化联合体达36家以上、农民专业合作社达1 000多家、家庭农场达1 000多家。这上千家农业产业化企业和新型经济实体，对资金的需求规模较大且时段集中。同时，新一代职业农民在“大众创业、万众创新”的时代背景下，干事创业的热情高涨，而传统的合作社成员内部之间，少则几千元多则几万元的“资金互助”，已经很难满足这部分农民的创业需求。

第六节 小 结

黄山供销农村资金互助应运而生，绕不开农民如何获得金融权；绕不开最后一公里的农村金融现状；绕不开农民融资难，难以获得金融权的现实；绕不开跳出怪圈，探索资金互助发展新路径；绕不开黄山市当地特色农情。所以，在黄山市供销社平台上，农村资金互助通过供销社系统的“生产、供销、信用”的三位一体融合发展，积极打通为农服务最后一公里，打通乡土中国的毛细血管，聚焦农民获得金融权，助推资金互助规范化发展。

面向市场，资金互助的发展，回应了供销社综合改革的要求，顺应了农民的利益诉求，根本上反映的是“三农”市场的需求！向农而生，砥砺前行，这是黄山供销农村资金互助探索实践的方向之所在，也是黄山模式可持续发展的强大内生动力。

第三章

“跳”出怪圈：黄山模式的创新实践

唯创新者进
唯创新者强
唯创新者胜
跳出怪圈
稳健发展
这是
黄山模式
不断优化升级的成长密码

第一节　为农服务要接地气

通过乡土红利克服信息不对称，让为农服务接地气。

一、利用借款业务的熟人圈优势

一般金融机构的业务表现为自上而下扩展，而农村资金互助则是自下而上发展。所以，对金融机构而言，在自上而下的扩展过程中，越是向基层和人口稀少的农村地区延伸，其成本就越高。而对于合作社社员而言，基于最基层的村、镇形成了一个个紧密的熟人圈。对各自信用状况、家庭财产、道德品质等都有相当了解，这些并不需要合作社付出多少额外的成本，因而有效降低了借款成本。

二、利用乡土红利的合作金融优势

合作金融的本质是熟人金融，区别于商业银行的“陌生人”金融。熟人金融只要坚持“合作制”，内部熟人之间借款，其风险是较低的。而农民因为种种原因，是难以通过抵押、征信等方式从“陌生人”金融——商业银行得到足够的金融支持的。商业银行这么做本身也没错，因为他们无法从农民身上做到足够好的风控，来降低金融风险，因此不偏重为农民服务也就成为必然的选择。农村信用社成立之初，本意也是通过合作金融、熟人金融的模式，破解商业社会与农村熟人社会对信用的信息不对称问题。

三、利用供销社的平台优势

中国供销合作社，是国际合作联盟承认的中国唯一官方合作经济组织，经过几十年的成长，特别是改革开放以来，虽然供销社经历了转型期的发展阵痛，但是它毕竟有积淀，从中央到地方的基本组织架构依然完整，部分地区供销社开展商业经营服务卓有成效，金融领域也有一定的布局。

供销社系统内开展农村合作金融，可以从四个方面入手：一是在合作社内部开展资金互助，可以凸显产业链优势；二是“三位一体”之合作金融，在产业链优势的基础上可以扩大覆盖区域与产业；三是依托基层社组织搭建金融服务平台，这对基层社的要求较高，虽然基层供销社有网络优势，但后期的整合难度大，很难规模化；四是整合惠农、扶贫资金开展合作金融，主要是利用政策导向强的优势。

黄山供销农村资金互助，选择的是供销社和专业合作社作为平台，其内在机理基于两点考虑。

一是从现行政策上看，黄山供销农村资金互助，是在较为成熟的黄山市供销系统农民合作社基础上的创新探索。资金互助是农民专业合作社为社员提供综合服务中的项目之一，专业合作社和基层供销社都可以开展资金互助，以基层供销社为组织基础，以专业合作社为服务平台，有利于优势互补事半功倍。

二是通过专业合作社的产业链优势，可以联结农民、专业合作社、“三农”产业和涉农企业以及各类农村新型主体，为开展合作金融提供方便。产业链金融所具备的抵押、担保等优势倍增，可以有效降低风险。一般的金融机构远离农村和农民，缺乏对农村的实际支持，而农民专业合作社植根于农村，立足农情，可以打破金融机构与农民的隔阂，填补农村金融的空白地带，在资信调查、农产品产销、担保等方面体现地缘、人缘甚至“业缘（产业）”的优势，有效解决信息不对称、资金使用成本高、农民贷款难和借款难收回等问题，极大地提高了社员的可借性，满足了农民的创业、生产、产业发展等各方面的资金需求。

为农服务要接地气，不是一厢情愿、一蹴而就，它需要我们必须真正做到不忘初心，自始至终脚踏实地、抓铁有痕，把困难当作动力，把矛盾当作机遇，倒逼我们下狠心开展农村资金互助的系列创新实践。

第二节　黄山农村资金互助的八个创新实践

一、股权结构设计创新

黄山供销农村资金互助成立之初，先在组织架构上进行创新，采取“两级控股、双向参股”的股权投资模式。

两级控股是指：社有资本对投资主体——黄山市供销农副产品投资发展有限公司控股51%，黄山市供销农副产品投资发展有限公司对7个区（县）供销农副产品专业合作社控股51%。坚持供销社控股，即可有效主导供销农村资金互助的运营方向，防止为农服务方向走偏。

双向参股是指：各区（县）供销农副产品专业合作社同时向黄山市供销农副产品投资发展有限公司参股。实际上“黄山市供销农副产品投资发展有限公司”和“黄山市供销农副产品专业合作社联合社”（由7个区（县）供销农副产品专业合作社联合发起设立）是“一套人马两个牌子”，成立黄山市供销农副产品投资发展有限公司控股各区（县）供销农副产品专业合作社，形成股权纽带；成立黄山市供销农副产品专业合作社联合社，对各区（县）供销农副产品专业合作社统一管理，各区（县）供销农副产品专业合作社作为独立法人和联合社发起人，独立经营，自负盈亏，但必须接受黄山市供销农副产品投资发展有限公司和黄山市供销农副产品专业合作社联合社的监督与指导。这种股权结构，形成了“你中有我、我中有你、风险共担、利益共享”的抱团发展机制。

黄山供销农村资金互助之所以采取“两级控股、双向参股”的股权治理结构，主要是汲取了国内一些出问题资金互助的教训，总结起来就是：资金互助社的股权太过于散乱会对专业合作社缺乏有效的控制，太过集中又会让一些商人有机可乘，成为自己的“小金库”，甚至可能出现“放高利贷、非法集资”的乱象。黄山市供销社依据管理公司制度的一般要求，创造性地提出了“两级控股，双向参股”的股权结构。社有资本控股明确了以供销社为主导的运营管理体制，上下互相参股确定了彼此牵制的利润共享架构，通过这种股权结构，可以帮助管理主体实现经营管理与资金互助组织之间的相互制衡，降低管理风险。同时也保障了黄山供销农村资金互助不断优化升级，朝着行稳致远、普惠金融的目标发展。

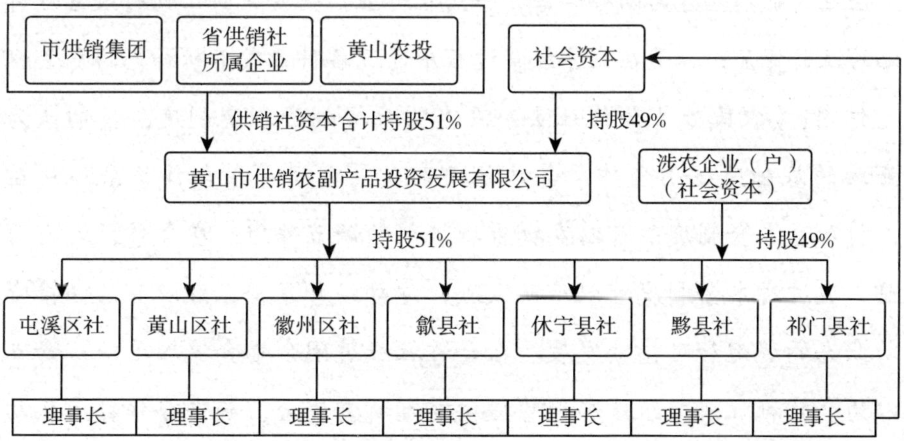

黄山市供销农副产品投资发展有限公司持股比例（股东架构）

该股权结构模式推广，首先需设置股权中间公司，股权中间公司对资金互助组织实施控制，即拥有资金互助组织50%以上的股份；其次需要确立管理主体，管理主体的性质决定企业性质，管理主体对股东股权中间公司实施控制，即拥有股权中间公司50%以上的股份，通过股权中间公司对资金互助组织的决策产生重大影响；最后需要资金互助组织与股权中间公司相互持股，资金互助组织通过拥有对方公司或合作社一定数量的股权来约束对方的行动，可以通过股东会表决等方式实现对股权中间公司的制约。

二、“两金”制度创新

《中华人民共和国农民专业合作社法》（以下简称《农民专业合作社法》）是没有“两金”制度（资本金和风险金）说法的。农民专业合作社引入资本金制度，这一做法得到了部分专家的认可，黄山供销农村资金互助稳健发展的实践证明，参照公司法人治理结构的一般设置，既符合法律原则，又充分尊重内部自治。

资本金

定义：根据我国《企业财务通则》规定：设立企业必须有法定的资本金。企业的资本金分为两个部分，一是在开业注册登记时工商行政管理部门登记的注册资金；二是在业务经营过程中通过各种方式不断补充的资金。

作用：《农民专业合作社法》没有明确提到资本金制度，我们认为资金互助的基础是信用合作，合作社内部成员之间存在合作关系和利益关系，引入资本金制度，可以发挥市场机制的调节作用，在合作社没有盈利之前，通过资本金制度可以降低风险，弥补经营亏损，可以有效保持资金互助业态的稳定和可持续发展。在合作社社员闲余资金流入之前，资本金可以为合作社注册、组建和经营提供前期所需资金，确保合作社成立初期的正常运转。资本金制度还是合作社公信力的体现，可以增强社员、公众对合作社的信心，消除社员、公众对合作社财务能力的疑虑。

风险金

说明：企业化管理的需要，风险金的作用是多方面的，商业银行以及一般企业都设立风险金制度。《农民专业合作社法》没有对风险金的设置进行明确说明。

作用：合作社作为独立的法人，尤其开展信用合作，从事资金互助业务，有必要参照商业银行的做法，引入风险金制度。风险金制度主要表现在以下几个方面：①风险金是防范企业风险损失的重要手段。企业时刻面临风险的挑战，及时预测、预防风险损失，做好各种应变准备，是必要的控制风险损失的措施，而风险金恰好为此提供了资金保证。②风险金是补偿企业风险损失的积极措施。企业总是要不同程度地承受风险损失的，为保证企业风险损失能得到及时补偿，不致使企业陷于难于自拔的困境，预提风险资金，以求有备无患，是最积极的措施。③风险金还是增强企业竞争能力的重要措施。

黄山供销农村资金互助早在2014年设立初期，即引入资本金制度，通过资本金制度成为市、区（县）社联结纽带，解决了联合社不联合、合作社不合作的问题；引入风险金制度，市、区（县）社联动，防止因资金流动性不足发生系统性挤兑风险。这两项资金的叠加使用，起到了“稳定器”和“压舱石”的作用，有效规避了以往资金互助“小、散、乱、弱”等问题。

三、平台搭建统一管理创新

“小联合小发展、大联合大发展、不联合难发展”[①]。2006年10月31日，自《农民专业合作社法》颁布实施以来，我国专业合作社呈现快速发展趋

① 饶贵才，何云云，“专业合作社联合社：小合作变大联合 大联合促大发展”，《党政干部论坛》2018。

势。但是，规模小、实力弱使得单个的专业合作社难以真正解决小农户与大市场的矛盾。国外合作社发展的经验表明，合作社的联合与合作是未来合作社发展的必然趋势。2017年之前的《农民专业合作社法》明确了农民专业合作社的法律地位，但是并没有涉及联合社的相关问题，联合社的法律地位仍不明晰，性质也不明确。但地方上可成立联合社。北京、湖南、江苏、黑龙江、辽宁、四川6个省份的《农民专业合作社法》配套法规解决了联合社法律地位问题，从2010年1月1日起，联合社可在地方进行工商登记，有些地方是可以成立但不注册登记。

2017年年底新修订的《农民专业合作社法》，增加了《农民专业合作社联合社》一章，赋予“联合社”法律地位，明确了3个以上的农民专业合作社在自愿的基础上可以出资设立农民专业合作社联合社，依法登记后取得法人资格，登记类型为农民专业合作社联合社。表明组建联合社管理成员社的做法有法可依。

而早在2017年年底新修订的《农民专业合作社法》尚未颁布之前，为了探索对区（县）供销农副产品专业合作社的有效管理，黄山市即在7个区（县）供销农副产品专业合作社基础上成立了市联合社，并充分发挥这一平台的作用，对各区（县）供销农副产品专业合作社实行“五统一”（统一品牌、统一风险防控、统一平台、统一法人管理、统一管理制度）管理。

黄山市的这一创新举措走在了新修订的《农民专业合作社法》前面。多年来稳健发展的实践证明，通过联合社《黄山市供销农副产品专业合作社联合社章程》（以下简称《章程》）将各区（县）社联结在一起，变“单打独斗”为“抱团发展”，既相互促进又增强了抵御市场风险的能力；通过联合社平台制定并下发一系列管理制度和办法，涉及风险防控、管理制度、标准流程等各个方面，实现了对全市资金互助业务的有效监管，加强了行业自律。

实践证明，这一创新既符合黄山实际，也符合修订之后的专业合作社法，联合社依据《章程》对各区（县）专业合作社资金互助业务实行统一管理，在外部监管的同时，强化了行业自律，管理是有效的。

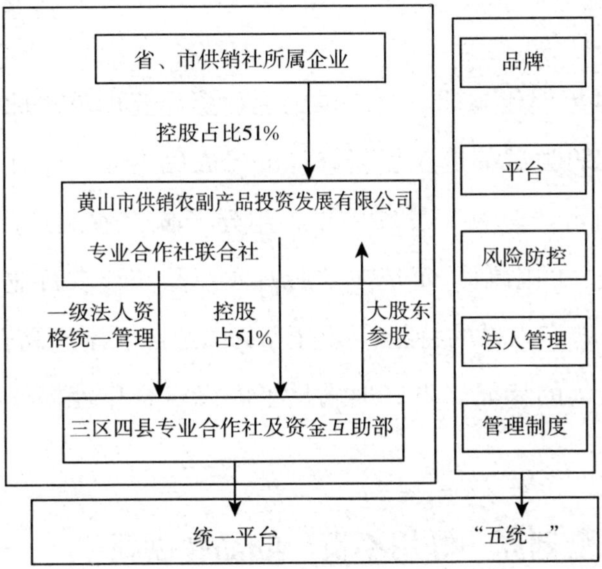

黄山市供销农副产品专业合作社联合社“五统一”管理平台

联合社平台“五统一”管理，是加强黄山供销农村资金互助行业自律的有效手段，合作金融的优势就在于，它为社员所有，存在地缘优势和人缘优势。如何进一步整合地缘优势和人缘优势，成立合作联合组织，形成上下垂直的自控监管，把风险化解到组织内部。因此，从管理规范、资金调剂、风险控制、遵循市场规律以及合作金融自律发展需要的角度来看，紧密联合是当前农村资金互助组织发展的一个重要趋势。

四、突破同类农产品和行业限制的创新

2006年颁布的《农民专业合作社法》，对合作社的明确定义是：农民专业合作社是指在家庭联产承包经营基础上，同类农产品生产经营或者同

类农业生产经营服务的提供者、利用者，自愿联合、民主管理的互助性经济组织。2017年年底新修订的《农民专业合作社法》，则取消了“同类农产品生产经营或者同类农业生产经营服务”这一定语的限制，以更好地适应各种类型的农民专业合作社并行发展，满足农民对各类合作社提供的多元化需求。

而在2014年创建初期，黄山供销农村资金互助就对此类做法进行了积极探索和大胆尝试，走在了新修订的《农民专业合作社法》前面：即紧密联系黄山市“三农”发展需求，组建了供销农副产品专业合作社，不囿于“同类”的限制，而是涉及所有农产品和涉农行业，这既符合黄山地处山区、地广人稀的特征，又符合黄山地区农副产品多，品种丰富，产量少、质量优的特征，更好地满足了农民对合作社提供多元化服务的需求。

五、“安全划算、好用不贵”的品牌创新

品牌承载更多的是一部分人对其产品以及服务的认可，是一种品牌商与顾客购买行为间相互磨合衍生出的产物[①]。品牌的价值包括用户价值和自我价值两部分，即品牌是市场认可，也是效益。资金互助本质上是金融，其品牌价值是公信力和影响力的结合。资金互助良好的公信力来自机构运作过程中积累的社会认可和信任程度，来自资金互助遵守法律约束和自律规范两个方面，其直接影响到资金的归集能力；良好的影响力是农民社员的口碑，是资金互助提供的为农服务产品能让农民获得更多的实惠、更好的服务，也是资金互助为农服务水平的体现。

企业发展到一定阶段，上了一定规模，作为市场主体，在消费者身上

① 王倩．“打造品牌价值”，《全国商情》(零售) 2014。

留下怎么样的品牌价值或者品牌形象？这是要考虑的问题。黄山供销农村资金互助通过多年来的实践摸索，结合广大社员对黄山供销农村资金互助形成的认知，努力打造“安全划算、好用不贵”的品牌形象。

“安全划算”，是为存款社员树立的品牌印象。“安全”，是要让社员感觉到把闲钱存在黄山供销农村资金互助很安全，很放心；“划算”，是相对其他商业银行来说，把资金放在黄山供销农村资金互助这里，社员可以多得实惠。“好用不贵”，是为借款社员树立的品牌印象。“好用”，就是手续简便、办理快捷、服务周到、以社员为中心；“不贵”，就是黄山供销农村资金互助的费率遵循市场化定价原则，费率定价合理，给借款社员“不贵”的感受。

社员缴存互助金到黄山供销农村资金互助相对安全，收益相对高；社员到黄山供销农村资金互助借款，手续相对简单、费率相对合理。这是多年来的实践，市场的认同，社员的口碑。从长期来看，农村资金互助的可持续发展必须建立在品牌的打造上，与农民社员产生乡土文化共鸣。

为什么黄山供销农村资金互助在社员心中是“安全划算、好用不贵”的品牌形象？其核心是坚持为农服务。其企业文化体现在“土”字上，即乡土文化。黄山供销农村资金互助从业人员开展业务时，要走街串巷，要深入基层，要深入农业田间一线，扎根当地，充分利用地缘、人缘优势开展业务。可以说每个人都有甘于做“土老帽”的精神，是为农而生的，每个人都要做到“学习银行、不像银行”，做到“弯下腰，熟悉农事，了解农民诉求”，农村资金互助的品牌价值才有意义。

六、没有抵押物也能借款的农民融资路径创新

长期以来，农民收益少，缺乏抵押物，而现行的法律又不支持农民以集体土地上的房产抵押。这导致部分急需资金用于发展生产、脱贫致富的

农民陷入困境，如何有效解决这一难题呢？

黄山市供销农村资金互助的管理层们满怀“三农”情怀，开始了新一轮的大胆设想、大胆尝试，最终决定以供销农村信用体系建设试点为切入点，在小额、短期、分散的原则上，开展信用户评定，对信用户社员开展无抵押、无担保借款尝试，助推良好的社会信用环境，提升农村金融服务质量，创建没有抵押物也能借款的农民融资新路径。

案 例

黄山供销农村资金互助信用体系实践：信用也能转化为真金白银

2017年11月，黄山供销农村资金互助成立市级信用体系建设推进领导小组，并选择在休宁县溪口镇冰潭村和蓝田镇迪岭村率先试点。通过村、县、市三级联动开展供销农村信用户评价，让农户能够获得免抵押、免担保的信用借款。自试点工作开展以来，评定信用户211户，累计发放信用借款362.9万元，借款余额101万元。

在休宁县信用体系建设试点取得成效的基础上，2019年5月，在全市进一步推广信用体系建设试点工作；2019年6月，选定在徽州区的永兴村、洽舍村，歙县的三阳村，黟县的洪星村，开展信用体系建设试点；2020年5月起，在祁门县李源村、黄山区饶村，歙县中村村、黟县考川村相继开展了信用体系建设工作。至此，信用体系建设工作在全市范围内全面推进。

开展供销农村信用体系建设的主要做法是：

按照“遵纪守法、移风易俗、勤劳致富、家庭和睦、庭院整洁、资信良好”6项标准，通过建档、宣传、评议、入户、授信、签约、验收7个步骤，为村民建立信用档案、开展农户授信，并分别给予五星级信用户20万元、四星级信用户10万元和三星级信用户5万元以内不等的授信额度。

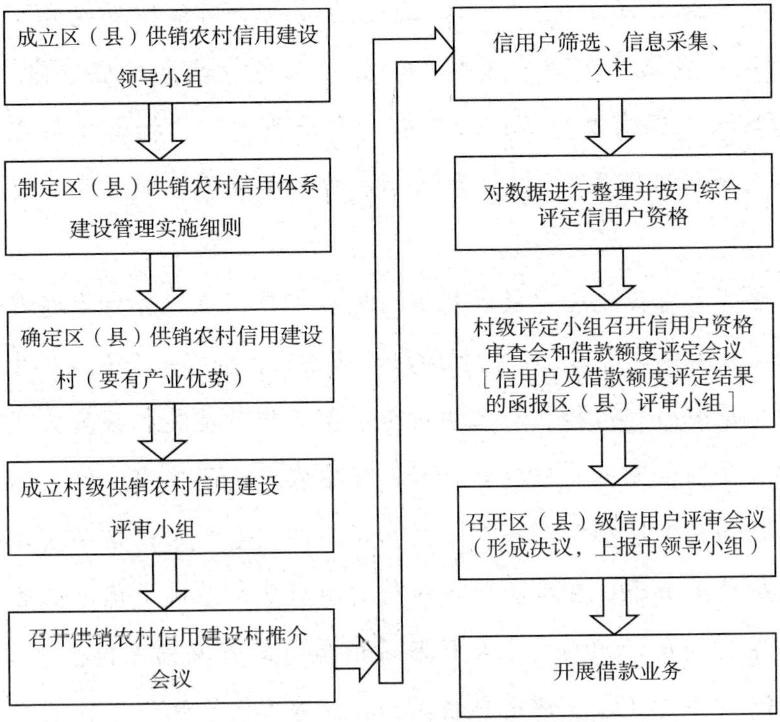

供销农村信用体系建设操作流程图

1.强化组织领导。成立市供销农村信用体系建设工作领导小组。区（县）成立以分管县长或供销社主任为组长，相关职能部门和有关乡（镇）负责人为成员的县供销农村信用体系建设领导小组。有关乡（镇）成立相应的工作机构，并及时报县供销农村信用体系建设试点工作领导小组备案。区（县）供销农村信用体系建设试点工作领导小组下设办公室，办公室主任由区（县）社总经理兼任，负责对乡（镇）村委会有关工作小组和农户的宣传动员、培训，对各村委会提交的初评意见进行复评、复核并对信用农户授信。试点村成立信用户评定小组，组长由村支书或村主任兼任，评定小组成员由村“两委”委员和村民小组组长组成。

2.合理选定试点村。试点村选定的具备下列条件者优先：一是试点村所在乡镇党委政府重视关心此项工作，试点村班子能力强，支持力度大，群众基础好；二是有一定产业支撑，社员有一定借款需求；三是村风民风好，“五看”①达标；四是所在乡镇（村）交通相对便利。

3.落实惠农措施。开展农村信用体系建设试点工作所需经费，按照以区（县）自筹为主、市社补助为辅的办法，合格一个兑现一个。

对信用户、信用村实行优惠政策，实行借款优先、额度放宽、简化手续，特别是充分利用费率杠杆对守信农户进行优惠，使守信农户得到更多的融资便利和实惠。信用户享受的优惠政策：当年获评的信用户借款使用费率，在市联合社执行的现行费率基础上优惠；若该信用户次年再次获评，则在上年已享受的优惠政策基础上再优惠（以3年为上限）；3户及以上信用户联保，在同档次已享受优惠政策的基础上再给予一定的优惠。信用村享受的优惠政策：在资金来源许可的情况下，信用村的村级经济组织、企业、社员（个体工商户）借款优先，借款使用费率在同档次已享受优惠政策的基础上再给予一定的优惠。

4.注重工作规范。

（1）制度约束。根据《黄山市供销农村信用体系建设试点实施方

① “五看”：看住房（即看住房情况、整洁情况）、看家庭（即看家庭和谐情况、尊老爱幼孝道情况、邻里关系情况）、看收入（即看家庭收入情况、经济收入主要来源情况）、看人品（即看有无赌博、吸毒等不良行为）、看信誉（即看遵纪守法情况，有无不良欠借、欠贷、欠息、违约等失信行为）。

案》，各区（县）制定《区（县）供销农村信用体系建设试点管理实施细则》，办公室承担试点工作组织和实施，周密安排、明确分工、分步实施。

（2）宣传引导。制作相关图文并茂宣传资料，让老百姓了解、领会信用体系建设的意义，积极支持参与开展工作。利用新闻、网络、手机平台等载体大力弘扬诚实守信美德，逐步树立诚信意识，营造信用体系，建设良好氛围。

（3）规范管理。一是制定规范的操作流程，按照方案和实施细则要求开展工作；二是规范数据采集录入，组织开展培训，数据采集人员要严格按照指标要求采集数据，严禁虚报信息；三是规范资料管理，要求将相关工作资料妥善保管，防止数据外传泄漏。

（4）监督检查。市供销农村信用体系建设试点工作领导小组定时加强对工作进展的督查，对工作落实不力，进度缓慢，录入数据不实的实时启动问责程序。

截至2020年8月，试点工作覆盖全市6个区（县）11个行政村，涉及农业人口达3万人，涉及农业家庭户达7 000户以上，茶叶种植面积达2万亩以上。全市已评选信用户905户，累计借款达1 000万元以上，借款余额404万元。实践中主要做到了以下三个聚焦。

（一）聚焦当地产业

为山核桃、菊花、茶叶等产销大户提供资金互助服务，解决了农户、农业产业经营主体无抵押不能借款的难题，也营造了良好的乡村信用氛围。

在歙县开展供销农村信用体系建设试点过程中，歙县农村信用体系建设试点村三阳村是个大自然村，山场面积达到17 676亩，可耕地面积只有

471亩，山多地少，山核桃是主要产业，每年10月是山核桃收获季节。为了使农户能在10月顺利获得互助金借款，歙县供销农副产品专业合作社负责人说：“我们要赶在2019年10月中旬前，全部完成三阳村信用户的授牌工作。”三阳村美川组村民洪长妹，2019年收购山核桃前夕就搭上了信用村信用户这班车。供销农村信用体系建设试点小组人员前期充分了解了洪长妹的信用情况，通过村委调查，根据信用评比流程，洪长妹被评上了信用户。正好10月需要资金收购山核桃，她不用任何担保就直接授信借款10万元，不到3个月就回本盈利了。

2020年8月，歙县供销农副产品专业合作社又新增信用户80户，为迎接10月即将到来的山核桃收获季节，助力信用户社员资金互助支持做好了准备。

（二）聚焦信用环境优化

供销农村信用体系建设在为支持试点村产业发展、乡村振兴提供了持续有力资金支撑的同时，也优化了信用体系建设试点村的信用环境。如今在11个试点村，诚实守信转化为可用的“活钱”，让农户尝到了讲信用的甜头。2017年以来，休宁县信用借款未发生一起逾期，不良借款率为零。其他区县社截至目前也未发生一起不良借款。供销农村信用体系建设将信用户评定结果、借款信用结果与信用示范村评定挂钩，目前，迪岭村作为首个供销农村信用体系建设试点示范村已经通过验收。在当地，被评选上信用示范村，不仅可享受借款优惠，更是一种荣誉，是村风、民风迈上新台阶的一个重要跨越。此项工作推动了农村信用体系建设的进一步深入，优化了农村信用环境。

（三）聚焦破解农村借款难题

黄山供销农村资金互助的宗旨是为农服务。在供销社平台上，黄山供销农村资金互助业态一直聚焦于农民金融获得权的实现，满足农户小额借款需求，以无抵押、无担保、短期、分散为原则。无论是广大的农民，还是数量众多的农村个体户、专业合作社，一般都缺少有效的抵押物。农民融资，宅基地不能抵押，生产资料不容易抵押，土地经营权抵押的可行性不高，生活资料也很难抵押。黄山供销农村信用体系建设不断摸索小额信用借款方式。截至目前，全市信用户借款平均额度在8万元左右，信用户占总农户的比例在13%左右，农户产业相对集中于茶叶、山核桃等特色产业，不良借款率一直为0，期限都在一年期以内，满足了农户无抵押、无担保、小额、短期、分散的借款需要。黄山供销农村信用体系建设的意义在于破解农民融资难题，虽然目前户数、资金规模等仍然较小，但随着时间的推移，效果会越来越明显。

七、持续开发面向“三农”的服务产品创新

农民缺乏抵押物、担保物，农村金融市场普遍面临抵押担保物不足的实际情况，我们要因地制宜、因时制宜，创新抵押、担保方式，满足社员需求。黄山供销农村资金互助的做法是，提出“三个必须”，指导各区（县）开展资金互助业务，创新为农服务产品，即：“必须接地气，必须结合当地农情，必须服务基层”。

接地气为农服务产品

2016年4月，黄山市政府召开“普惠金融，服务‘三农’”专题新产品发布会，陆续推出了“茶农借”“林农借”“农地借”等十多项为农服务新产品。

尝试农业保险转移风险

党的十九大提出实施乡村振兴战略，要实现乡村振兴，关键在于产业振兴。黟县提出聚焦黑茶、黑果（香榧）、黑粮、黑鸡和黑猪“五黑”产业发展。结合黟县当地特色产业，为了解决生猪养殖户无抵押、无担保不

能借款的难题，黄山供销农村资金互助首次在黟县尝试“生猪抵押+国元保险”的模式，有效地解决了生猪养殖大户的资金需求，同时也降低了借款的风险。

2016年4月，黄山市政府召开新产品发布会

“知识产权”转化为“真金白银”

黄山市某涉农企业经营者主要从事臭鳜鱼等徽菜为主的特色餐饮。2019年以来，原经营场所远远不能满足消费者需求，该社员计划在黄山市再开几家分店，面临流动资金不足问题。虽然可以考虑向其他金融机构申请贷款，却又没有实物可以抵押，一时间，他陷入了困境。在了解该社员的情况后，黄山供销农村资金互助第一时间为该社员量身设定了收费权、商标权质押借款方案。

当该社员拿到互助金借款后，一脸激动地说：“多亏了你们，没想到商标竟有这么大的经济价值！解决了我们购买臭鳜鱼等原材料资金紧张的困境。”

商标权质押借款，是将企业社员合法拥有的商标权经评估后作为质押物，向黄山供销农村资金互助申请借款，它不同于传统的以不动产作为抵押物申请借款，是一种相对新型的融资方式，可以帮助企业拓宽融资渠道，盘活企业的“商标资源”。

近年来，黄山供销农村资金互助结合黄山农情，围绕服务产品，先后推出了集体林权抵押借款、大型农机具抵押借款、古建筑材料抵押、农产品保险、茶票质押、粮食仓单质押、鲜活臭鳜鱼抵押、经营权、股权、商标权质押、应收账款质押等一系列灵活的组合抵（质）押担保创新产品，解决了农村金融市场普遍面临抵押担保物不足的现实问题。截至目前，为农服务产品超过20项。

八、实行所有权、经营权分离的资委会制度创新

黄山供销农村资金互助在7个区（县）设立了7个区（县）互助资金管理委员会，负责资金互助管理事宜。同时，根据互助金借款额度审批权限，在黄山市供销农副产品专业合作社联合社平台设立市互助资金管理委员会。股东社员享有所有权，而互助资金管理委员会具有经营权，成员可以是总经理，可以是理事长，也可以是其他人员，在一定程度上保证了所有权和经营权的分离。在黄山供销农村资金互助的核心业务经营中，不是由少数原始股东社员说了算，而是由互助资金管理委员会说了算，他们是能人、巧匠，对社员知根知底，对能不能借款有话语权、决策权。这种做法是乡土文化的体现，可以保障农村资金互助的安全运营，良性发展。

黄山供销农村资金互助在多年来的经营实践中，互助资金管理委员会在运营层面起到了关键作用，各区（县）供销农副产品专业合作社作为独立的法人，独立运营，管理层从事资金互助业务，尤其是风险防控工作，通过互助资金管理委员会对业务进行审批、把关，是有效的风险防控手段，在合作社管理制度上也是创新之举，实现了经营权和所有权分离，形

成了黄山供销农村资金互助经营者和所有者在运营管理中相互制约、相互促进的良性互动机制。

第三节 小 结

坚守服务“三农”的初心，探索接地气的信用合作发展新路，创新是关键。唯创新者进，唯创新者强，唯创新者胜。唯有创新，适应市场需求，顺应时代需要，回应农民诉求，才能“跳”出怪圈；唯有创新，把准政策脉搏，走出本土特色，把住经营风险，才能实现破茧化蝶的蜕变。

任何看似不起眼的创新，都是资金互助事业的星星之火。创新实践是否成功，一要看有没有偏离宗旨，二要看有没有着眼长远，三要看有没有把党的政策与当地实际结合好。这正是黄山供销农村资金互助先试先行，不断优化升级的成长密码。

第四章

问题导入：黄山模式的风险防控

创新要流淌着风险防控
的血液
风险防控
再怎么强调都不为过
外强监管
内强自律
这是
黄山模式
行稳致远的命脉

第一节 风险是什么

一、风险的定义

风险是什么？风险是指某种特定的危险事件（事故或意外事件）发生的可能性与其产生的后果的组合。通过风险的定义可以看出，风险是由两个因素共同作用组合而成的，一是该危险发生的可能性，即危险概率；二是该危险事件发生后所产生的后果。

风险在经济学中是一种不确定性以及不确定性所造成的损失。金融风险是在资金运营过程中的金融预期收益与实际收益不一致造成的结果，任何一家金融服务组织在经营过程中都不能忽视风险的存在。

很多学者对于开展农村资金互助业务风险的研究，主要是从农村资金互助发生的风险类型、风险成因以及风险防控手段等方面进行的。

二、农村资金互助风险类型

天育物有时，地生财有限，道法自然，天人合一，这是古人朴素的道德观。一个组织的健康发展需要两大要件的支撑：一是法律，二是道德。

农村资金互助在运营发展中，如果“他律不依法，自律不依规”，往往会容易产生风险或系统性风险。其内在风险类型主要表现为资金来源风险、操作风险、借款违约风险、信用风险、从业人员职业操守风险等；其外在风险主要表现为政策风险、法律风险、生存风险、非法吸收公共存款风险、非法集资风险等。

三、农村资金互助风险成因

农村资金互助风险的成因，主要表现为农村地区自然条件差，服务的农业对象风险高、周期长，资金回笼保障少，内外部监管不全，从业人员金融等专业知识贫乏以及资金互助相关规范制度不健全等。

四、农村资金互助风险防控

在“自律”和“他律”两个层面，可以通过完善制度法规、明确监管责任、控制适度规模、加强对从业人员的培训教育和内控制度建设、分散借款资金投向、注重政策的持续性和协调性等措施来防控资金互助业务开展时所面临的各类风险。有专家从资金互助内部和外部两个方面提出风险防控的措施。内部：严格界定服务对象和范围、加强人才队伍建设、加强风险教育、提高资本充足率等；外部：加快立法进程，明确资金互助组织的法律地位、加大对资金互助组织的政策扶持力度、引入农业保险制度等。

第二节　农村资金互助业态宏观层面的发展痛点

一、农村合作金融的痛点

从某种意义说，农村资金互助业态的发展也是农村合作金融发展的一种形式。农村合作金融是农村金融体系的重要组成部分，是建立在合作组织成员互助合作基础上的一种金融服务形式，一般是社员间资金互助、互通有无的一种灵活而有效的形式。但在合作金融发展过程中，随着农村经济结构的演变以及自身面向农村市场的应对行为不断转变等问题，这些变化决定着农村合作金融的发展现状，其变化的不确定性导致个别农村合作金融组织有的朝着更好的方向发展，有的朝着不太好的方向发展，需要慎重地加以讨论。在农村合作金融服务“三农”的过程中，容易产生三大“怪圈”：一是一扩大融资，就容易陷入非法吸储的怪圈；二是一做合作金融，就容易陷入一味追求利差，难以避免地走向商业金融的怪圈；三是合作组织一扩大规模，就难以避免地走向个人专权，而不是民主管理下的合作经济的怪圈。这三大“怪圈”，其实也是合作金融宏观层面的三大风险，走不出这三大怪圈，农村合作金融组织就难以成长和可持续发展，依靠地缘、血缘和部分业缘（产业）关系的农民信用合作的优势就被抵消了。

二、农村资金互助业态的痛点

农村资金互助是农村金融服务的有益补充。其多年来的发展，同样面临着农村经济结构的演变以及自身面向农村市场的应对行为转变等问题，这些问题也需要慎重对待。农村资金互助业态在发展中存在的个别问题，概括起来有4个特征，即小、散、乱、弱。一是发展规模太小。各地农村资金互助的规模大部分在500万元以下，业务发展范围也局限在一个村或者一个镇或镇村所在地的某个产业，辐射面小，瓶颈约束非常明显，盈亏平衡压力大，可持续发展能力弱。二是资金互助组织涣散。业态进入门槛较低，形式各异，没有系统管理，是一个个孤岛，难以成链，难以织网，没有其他金融服务组织的系统优势。三是政出多门管理较乱。农村资金互助有些是在工商部门登记的合作社，有些是民政部门登记的民办非企业单位，有些是供销社领办的，有些是农委支持的，有些是扶贫部门支持成立的，没有统一的监管部门和监管办法。四是风险防控能力较弱。由于产业单一、规模小、组织涣散、管理乱，有些开展资金互助的合作社基本上谈不上抗风险能力，因各种原因，关门跑路现象时有发生，极个别地方甚至还发生了打着合作社旗号进行非法集资放高利贷的违法行为。

三、农村资金互助业态的“依法他律”痛点

2004年以来，中央1号文件大都将推进农村金融改革创新，提升农村金融服务水平作为解决“三农”问题的重要举措。

2012年全国金融工作会议，对推动农村金融组织体系建设、产品和服务创新、加大政策支持等方面提出具体要求，并明确要“加强金融法治建设”。

2014年，党的十八届四中全会将农业、金融作为全面推进依法治国的重点立法领域，2015年、2017年中央1号文件要求，“积极推动农村金融立法”。

2017年中国共产党第十九次全国代表大会报告提出实施乡村振兴战略。2018年中央1号文件将提高金融服务水平作为推动乡村全面振兴的重要内容，对进一步深化农村金融改革，提高金融服务乡村振兴的能力和水平提出了明确要求。

针对资金互助的引导与鼓励政策。2006年中央1号文件首先提出：“引导农户发展资金互助组织”，此后历年中央1号文件大多有所涉及。2014年4月，国务院批复了河北省、山东省、浙江省、广东省4个省的供销合作社综合改革试点工作方案，其中建立符合农村实际的新型合作金融服务体系是综合改革试点重要内容之一。2015年3月23日，《中共中央、国务院关

于深化供销合作社综合改革的决定》(中发〔2015〕11号文件),指出“稳步开展农村合作金融服务。发展农村合作金融,是解决农民融资难问题的重要途径,是合作经济组织增强服务功能、提升服务实力的现实需要。有条件的供销合作社要按照社员制、封闭性原则,在不对外吸储放贷、不支付固定回报的前提下,发展农村资金互助合作”。

党中央、国务院关于推动农村金融改革的一系列宏观方针政策,既是推动农村金融改革发展的依据,也是农村资金互助业态必须遵循的原则。但是,在依法他律的具体层面,仍缺乏相关法律规范,在市场准入、政策配套、监管办法、业务操作、风险防范等方面迫切需要的、可操作性强的实施办法。

农村资金互助组织因内生于农村,服务于熟人,有地缘、人缘的优势,其风险防控异于一般金融机构。从农村金融的发展历程、供销合作金融发展的政策来看,农村资金互助有政策支撑,相关监管办法仍不能涵盖所有农村资金互助组织。

银监会于2007年制定并印发了《农村资金互助社管理暂行规定》。该规定从农村资金互助社的成立、社员和股权管理、组织机构、经营管理、监督管理、合并分立解散以及清算等方面对农村资金互助社提出了细致的要求,第四十七条在风险防控方面规定:农村资金互助社应谨慎经营,从严进行风险管理:资本充足率不得低于8%;单一社员的贷款总数不可超越资本净额的15%;单一农村小企业社员连同相关企业社员、单一农民社员及其在同一户籍簿上的其他社员贷款总数不可超越资本净额的20%;前十大户贷款总数不可超越资本净额的50%;资产损失准备充足率不可少于100%。

农村资金互助运营的法律政策依据主要体现在以下三个方面。

第一,银监会的《农村资金互助社管理暂行规定》,虽有一定的约束力，但其只针对银监会发牌的49家试点资金互助社，涵盖面过窄。

第二，最高人民法院不断更新关于高利贷的认定标准和《关于办理非法集资刑事案件适用法律若干问题的意见》等条文，对资金互助业务的监管，也提供了相应法律依据，但缺乏对农村资金互助社的针对性。

第三，历年来的中央1号文件等相关政策文件，对农村合作金融的发展提供了宏观指导原则，但相关职能部门尚未及时跟进，配套、完善的法律法规尚待出台。

第三节　农村资金互助运营微观层面的实践难点

农村金融号称是“世界性难题”[①]。农村金融是农村经济的核心，而农村金融研究的核心问题之一，是农村经济和农业产业运行过程中的资金流动和配置。从农村资金互助强调服务性与资本的逐利性相背离、“雪中送炭”与“锦上添花”在市场环境中难以共生的角度看，民间金融服务恰恰填补了农民对资金产生的巨大需求这种空缺，从中获得了生生不息的发展空间。但民间金融存在“一管就死、一放就乱”的循环怪圈，在于农村对金融的需求始终客观存在，但相关的监管难以满足其发展的需求。民间金融能够成为人们理性的必然选择，也是因为其自身具有的天然、独特的优势：一是社区性。民间金融活动主要发生于农村地区，

① “21世纪亚洲金融年会”于2013年12月在北京举行。中国农业银行副行长李振江出席会议并发表演讲，他表示，农村金融仍然是一个世界性的难题。

基于一定的地缘、血缘、人缘等关系而成立。二是人格性。交易活动建立在对对方信息充分掌握的基础之上，互相信任，经济行为在一定程度上已经人格化。

农村资金互助也具备民间金融服务的以上两个天然优势。但其运营中主要面临微观层面的如何“依规自律、促其规范”的难题，需要加以讨论。实践证明：强化微观层面的“依规自律”是农村资金互助风险防控的主要措施和手段。那么，农村资金互助的运营有什么样的具体实践难点？

一、对盈利性的把握

资金互助业态的服务性与盈利性共生，将两者对立起来或者片面地强调服务性忽视盈利性、强调盈利性忽视服务性都是根本性的错误。如何将两者统一起来，实现不同利益主体的平衡，这需要黄山供销农村资金互助在实践中认真把握。

资金互助组织坚决不能以营利为目的，但也要具有一定的盈利能力。首先，合理的盈利是实现资金互助业态可持续发展的重要条件之一；其次，合理的盈利性是风险防控的重要保障。资金互助服务于“三农”产业发展，但它作为市场主体，不是社会扶贫机构，一个相对较合理的费率水平，也有利于互助金借款既“放得出去”，也“收得回来”。

二、对“小额、短期、分散”原则的把握

毫无疑问，农村资金互助的服务对象主要为“三农”，“三农”领域资金需求的特点是“小、频、急”，这需要黄山供销农村资金互助与市场需求相对应，采取“小额、短期、分散”的借款原则。在实践中，黄山供销农村资金互助提出社员借款方向“做小不做大，做短不做长，做多（户

数）不做少（户数）”来开展业务，正是对上述原则的把握。

一般来说银行机构在办理借款业务中，往往“大额、集中、长期”的借款比重较高，这有利于降低管理成本，相对降低借款风险，但农村资金互助开展业务如照此运营，就违背了其服务性的基本要求。

在实践中，一些合作社做资金互助，受短期利益的诱惑，追求高额利润，很容易走上“大额、集中、长期”的借款方式，导致借款额度越来越大、期限越来越长、能得到资金互助融资的社员越来越少，凡是出问题的资金互助社多数与此相关。这需要我们在实践中结合当地“三农”发展水平不断调整，准确把握。

三、对自我管理的把握

防范农村资金互助各种运营风险的发生，需要内部监管和外部监管相结合，其中内部监管即资金互助的“自我管理”，是基础，也是关键。凡是资金互助出现“暴雷”的，无一例外都是内部的自我管理缺失，等到外部监管发挥作用，那就是资金互助社“善后”关门的时刻。

对自我管理的把握，要在两个层面下工夫：一是立足自身，做到“六个要”：内部治理结构要优化；制度流程要健全；约束机制要构建；运行机制要顺畅；激励机制要合理；决策机制要有效。二是延长管理手臂，实行有效管理。自我管理，不是左手管右手。要主动借助他手强化管理。黄山市在7个农民专业合作社基础上成立联合社，由联合社依据《黄山市供销农副产品专业合作社联合社章程》对资金互助社集中管理，延长管理手臂，强化自我管理。

第四节　黄山模式构建风险防控体系的探索

风险是客观存在的，我们追求的最高目标是风险可控。黄山模式有其自身风险防控安排。

一、顶层设计方面的安排

黄山模式在创建之初就考虑到风险防控问题，风险防控与运营模式、盈利模式等紧密相连，任何一个企业有其运营模式和盈利模式，同时有其风险防控模式，其风险防控模式的路径选择必须与运营模式、盈利模式相辅相成，紧密连接。黄山模式创建之初，以问题为导向，就对风险防控做了顶层设计方面的探索和安排。

（一）社有资本主导的安排

黄山供销农村资金互助，是供销社社有资本绝对控股下的多元化股权结构：

一是通过供销社社有资本主导，杜绝了经营主体片面追求高利润，甚至非法集资、放高利贷等行为，防止为农服务方向走偏等问题。

二是吸纳一定比例的社会资本加入，使之与各“三农”主体的联系更密切，又有利于拓展市场，有效连接生产和流通端。在坚持社有资本主导，把握原则性的同时，也发挥了民营资本市场化优势。

（二）设置联合社平台的安排

黄山市供销农副产品专业合作社联合社，是黄山供销农村资金互助的自我监管平台。依据联合社《章程》，实行一级法人模式，实现“五统一”管理，即由黄山市供销农副产品专业合作社联合社对所有区（县）供销农村资金互助进行统一管理：统一黄供信合品牌、统一联合社平台、统一风险防控、统一法人管理、统一管理制度。

联合社监管平台依据《章程》对专业合作社实施监管，解决自我监管不到位问题，防止监管缺失，降低市场风险。

一是黄山市供销农副产品专业合作社联合社作为监管平台，对黄山市各区（县）供销农村资金互助的归集和借款制定统一的费率标准，对各区（县）的资金进行统一调度，调剂余缺，确保了法人治理结构的有效性。

二是将各区（县）供销农村资金互助联结在一起，变“单打独斗”为“抱团发展”，既相互促进又增强了抵御市场风险的能力。

三是执行统一的制度，通过监管纠偏，确保黄山供销农村资金互助业务规范开展，防止经营方向走偏。

（三）推动“生产、供销、信用”三位一体融合发展安排

黄山供销农村资金互助自运营以来，把为“三农”领域的生产、流通项目融资作为主营业务，至今已服务项目7 000多个。没有生产合作基础的信用合作，也容易脱离农业生产领域，变成纯粹的资金交易。背离为农服务初心，是资金互助最大的政策法律风险。

2020年9月10日，黄山市委副书记、市长孙勇调研黄山供销农村资金互助时指出：“资金互助工作是真正围绕‘三农’、贴近‘三农’的重要举措，也是黄山市供销社努力践行为农服务的具体体现。要进一步结合当地农情，创新服务产品，在为农服务的道路上依法依规继续走稳走实。”

黄山供销农村资金互助自2017年起，开展、探索社员信用体系建设，并取得了一定的成效，“没有抵押物也能借到款”开始破题。简单采取

"典当"思维、"学银行、像银行"、不走差异化发展道路，这是资金互助最大的运营风险！

2020年9月10日，黄山市委副书记、市长孙勇调研黄山供销农村资金互助

二、底层布局方面的安排

黄山供销农村资金互助自2015年运营以来，一直坚持问题导向，坚持风险防范为第一生命线，通过"两化管理"即监管办法制度化、风险防控数字化，内外结合，探索建立系列风险措施，防范运营风险，形成了严监管、多层次的风险防控体系，实现了资金互助业务流程监管相对全覆盖，指标相对全监控。

（一）监管办法制度化

监管办法制度化，从内外两个层面进行相应的体系构建。

1.外部监管，不踩红线

一是按照中发〔2015〕11号等文件，农村资金互助的政策要求有其自身的特征，黄山供销农村资金互助严格坚持社员制原则、封闭性原则、区域性原则，不对外吸储放贷、不支付固定回报，结合黄山当地实际探索创新，做到不踩红线。

二是结合黄山市实际，为了确保黄山供销农村资金互助的稳健发展，

2016年4月13日，黄山市金融办、黄山市农委、黄山市工商局、黄山市供销社联合出台《黄山市供销农副产品专业合作社资金互助业务监督暂行办法》（黄金融办〔2016〕17号），该办法明确了风险防范处置的第一责任人和监管主体，制定了监管制度和监管内容，落实了相关部门的管理责任。黄山供销农村资金互助严格按照文件要求，把相关规定落实到工作的各个层面。

2. 内部监管，不断升级

黄山供销农村资金互助自运营以来，随着时间推移，在探索实践中，存在不同时期的问题和容易出现的风险，黄山供销农村资金互助制定了相应的管理制度予以规范。截至2020年，共计修订和完善了60多项管理制度。

（1）业务管理。为了规范资金互助归集和投放业务，防止政策风险和操作风险，2015年以来，针对互助金业务可能存在的风险，陆续出台了17项互助金业务方面的管理制度。

《柜面业务操作流程规范》规范了社员入社原则、条件、程序以及开展业务的基本操作流程、资料档案的存储流程等，自颁布伊始历时5年修改完善，目前在执行中已经更新到第三版。2020年5月14日，针对柜面近年来操作中存在的突出问题，有针对性地出台了《柜面操作40条严禁》，对柜面人员实行负面清单管理，杜绝违规操作。

为规范互助金的归集和使用管理，根据《中华人民共和国农民专业合作社法》和黄山市人民政府办公厅黄政办秘（2014）45号《黄山市组建供销农副产品专业合作社开展信用合作（资金互助）实施方案》精神及合作社《章程》等有关规定，制定了《互助金使用管理办法》，自颁布历时5年修改完善，目前在执行中已经更新到第八版。

为了进一步规范互助金借款业务的申请、审批、合同签订、借后管理、担保资质、逾期管理、风险管控、借款回收、档案管理等互助金借款业务，对借款业务实行全过程监管，本着“能细化的细化，能制度规定的制度规定，能量化的量化”原则，制定了系列互助金管理规范：

《互助金借款业务管理办法》，自颁布历时5年修改完善，目前在执行中已经更新到第六版；

《互助金借款业务审批操作细则》，自颁布历时5年修改完善，目前在执行中已经更新到第十版；

《互助金借款业务规范》，自颁布历时5年修改完善，目前在执行中已经更新到第四版；

《互助金借款展期、逾期管理办法》，自颁布历时5年修改完善，目前在执行中已经更新到第四版；

《互助金借款担保管理办法》，自颁布历时5年修改完善，目前在执行中已经更新到第三版；

《自然人保证类互助金借款管理办法》，自颁布历时5年修改完善，目前在执行中已经更新到第七版；

《机动车抵押借款管理办法》，自颁布历时5年修改完善，目前在执行中已经更新到第二版；

《林权抵押互助金借款业务管理办法》，自颁布历时5年修改完善，目前在执行中已经更新到第四版；

《授信类互助金借款管理办法》，自颁布历时5年修改完善，目前在执行中已经更新到第五版。

2020年下半年，为了进一步强化黄山市供销农副产品专业合作社联合社监管力度，采取了一系列风险防控措施。

一是在市级层面专门成立了风险管理部，集中、统一对黄山供销农村资金互助的风险进行管控，同时为了将风险控制关口前移，制定了《风险管理部风险管理操作流程》。

二是全面总结了运营以来监管过程中可能存在的潜在隐患，坚决杜绝日常经营中出现各类绕道监管行为，造成政策风险和道德风险，制定了《关于杜绝绕道监管行为的暂行办法》。

三是制定了《小额、短期、分散借款管理办法》，通过制度要求严格践行“小额、短期、分散”的借款初衷。

近年来，市联合社每年的1号文件都是《为农服务和风险防控指导意见》，以问题为导向，强化对资金互助业务的制度约束。同时每年更新配套出台《业务检查管理评比办法》等文件，强化业务的内部检查评比，发现风险及时纠偏。

（2）财务管理。一是就流动性风险的控制，制定了《防挤兑预案》《风险准备金管理规定》，对风险准备金的提取，市社专户存放，市社统一调度、使用等方面做了严格规定。

计提风险准备金

在银行系统叫存款准备金，是指金融机构为保证客户提取存款和资金结算需要而从存款中提取的保存在中国人民银行的存款和自我保存的现金。在现代金融制度下，金融机构的准备金分为两部分，一部分以现金的形式保存在自己的业务库，另一部分则以存款形式存储于央行，后者即为存款准备金。黄山市供销农村资金互助规定计提风险准备金的标准是：各区（县）社按不低于社员互助金归集总额缴纳一定比例计提风险准备金，一部分交由黄山市供销农副产品专业合作社联合社专户集中统一管理，市区（县）联动，防止因资金流动性不足发生系统性挤兑风险。

资本充足率

黄山供销农村资金互助根据资金互助合作社的情况，要求资本充足率不得低于一定比例。

呆账准备金

黄山供销农村资金互助借款呆账准备金的提取标准为：一般风险准备按社员借款期末总额的一定比例从利润分配中提取。

二是就管理上的操作风险控制，陆续制定了《采购管理办法》《财务管理制度》《会计核算制度》《财务报销制度及报销流程》《差旅费管理办法》《私车公用管理制度》《接待管理办法》等制度，全市统一制度，做到“事事有制度，事事有依据”。

（3）员工管理。为了防止员工道德风险，杜绝职业操守违规，强化内部管理，惩戒违规失职行为，教育和引导员工自我约束，提高员工职业素质和职业道德水准，2015年以来，在人员管理上进行了积极探索。

一是为了规范股东和高管的行为，在合作社《章程》中专门针对股东社员和高管行为进行了规定。

合作社原始股社员、理事、监事、高级管理人员以及章程涉及的其他人员要严格遵守下列职业操守。

①自觉遵守法律、法规，遵守职业道德、社会公德及廉洁自律的有关规定，模范执行党风廉政建设的各项规定，勤勉敬业、恪尽职守，认真履行各项管理职责。

②严格遵守合作社内部的规章制度，决不徇私舞弊，决不利用职权收受贿赂或获取任何非法收入，决不挪用侵占合作社及其客户的资产，损害合作社利益。

③不在与合作社有竞争关系的单位任职或以其他方式为其服务，不经营与合作社有竞争关系的同类业务。

④本人及亲属不从事非法集资、非法证券、高利贷等非法金融活动，不进行任何形式的对内、对外集资或吸收公众存款。不给亲属及朋友在非法金融活动上提供任何便利。不将相应的风险或损失转嫁给合作社。

⑤不泄露、不使用、不使他人获得或使用合作社的商业秘密，不传播、不扩散不利于合作社的消息或报道。

⑥不做任何对合作社产生不良影响的行为，如聚众闹事等。

⑦在合作社任职的股东社员、理事、监事以及高级管理人员禁止从事影响本职工作的第二职业。

二是为了规范员工行为，先后出台了《员工行为规范》《员工职业操守》等。

三是为了规范奖罚制度，先后出台了《20条禁令及处罚办法》《工作人员违规失职行为处理办法》《财务人员违规失职行为处理办法》等文件。在原有制度的基础上，2020年6月18日，出台了《违纪违规行为处理办法》，对违规行为进行了具象描述，通过矩阵方式可视化呈现，规定了100多项典型违纪行为，对违规行为实行负面清单管理，实现对资金互助从业人员的“道德操守违规零容忍”。

四是加强资金互助人才队伍轮岗锻炼、强化监督制约机制、防范和化解金融服务风险，结合黄山供销农村资金互助实际，2020年制定了《高管队伍轮岗交流制度》，各合作社总经理在同一区（县）社的同一职务任职时间原则上不超过3年，如确因工作需要，可以在同一区（县）社的同一职务继续任职，但连续任职不得超过5年。

此外，还陆续制定颁布了包括《招聘管理办法》《薪酬管理办法》《考勤管理》《员工慰问管理》《员工旅游管理》《人事档案管理办法》等十多项管理制度，做到内部人事“事事有对应制度，件件有规定流程”。

（4）创新管理。一是为了鼓励为农服务创新。出台了《创新考核管理办法》《资金互助业务奖励管理办法》，在风险可控的基础上，鼓励创新发展。

二是基础管理创新。2020年在对柜面、业务、财务、办公室现场全面总结回顾的基础上，为了进一步夯实基础管理、对风险实行源头管控，提出了创建业务标杆社、财务标杆社、柜面标杆社、5S标杆社的目标，并在2020年6月4日颁布了《标杆社验收标准》。

三是鼓励降低管理成本创新。通过创新，降低成本，带动社员资金使用费率降低。出台了《互助金借款资金使用费率指导意见》和《信用户借款优惠政策》，目前已经更新到第三版；为农服务的资金使用费率从第一版到第三版下降幅度超过20%，通过费率杠杆不断强化对涉农借款的支持力度；同时历经三次调整互助金归集惠农补贴率，下降幅度超过20%，以适应资金归集费率的市场化要求。

（5）安全管理。自运营以来，随着营业网点规模的扩大，安全管理越来越重要，也越来越需要注重细节。为了保障网络安全和网点安全，早在2018年就实现了营业网点的武装押运和网络服务器的专业IOC机房托管；2020年5月，针对网络和营业网点存在的潜在风险，进一步完善和修订了《全市网点网络、监控、考勤系统和110联网报警管理》《查库管理规定》《安全应急预案》《消防安全管理制度》《资金互助业务尾箱管理办法》等制度，实现了日常安全检查机制，并要求网点的装修在安全上实行统一标准；目前，营业网点已全面完成110联网报警系统，加固了现金区的墙体，增加升级了一批监控设备，保证监控清晰无死角。

（二）风险防控数字化

黄山供销农村资金互助在制度化的基础上，强化监管，监管指标尽量做到数字化，全面建立了数字化管理防控体系。

1.“小额、短期、分散”原则类

（1）小额方面。户均借款额根据每月末互助金借款总额的不同执行不同的考核标准，具体标准为：借款总额在1亿元以内，户均借款额控制在

40万元以内；借款总额在1亿~2亿元，户均借款额控制在50万元以内的；借款总额在2亿元以上、户均借款额控制在60万元。

（2）短期方面。借款期限最长不超过12个月。

（3）分散方面。抵（质）押类借款额占比要达到60%；信用及保证类借款额占比不超过30%；其他类借款额占比控制在10%的范围内；涉农类借款占比要达到借款总额的70%；单一担保借款占比不得高于20%；自然人社员每户累计归集额超过50万元或每户单笔归集额超过20万元的，实行预约登记制度。

这样的规定可以有效降低风险，避免较大的借款违约导致整个合作社出现灾难性损失。

对借款户均控制，可以防止资金集中到少数人手中，可以满足更多有资金需求的社员，解决更多社员对于资金需求的可获得性。

2. 业务审批类

为了控制业务风险，业务操作全过程实行数字化监管。

（1）社员申请互助金借款，必须达到成为社员规定的期限后，才能开展借款业务。

（2）借款业务的审批权限予以量化规定。互助金借款额度5万元以下，单人审批；互助金借款额度5万~30万元，双人审批；互助金借款额度30万~50万元，区（县）资金管理委员会审批；互助金借款额度50万元以上，市社资金管理委员会审批。

（3）不同的借款额度，社员或担保人的资质要求、材料要求均用量化指标予以规定。如家庭农场及个体工商户的授信额度一般不超过10万元；收入证明、征信报告、银行流水账等相关资料的有效期一般为6个月等。

（4）担保物的抵（质）押率量化，实行上限控制。如对商品房住宅抵押率原则上不超过70%，银行承兑汇票的质押率不得超过面额的90%等。

（5）不良借款率量化控制。不良借款率1%是红线，超过量化指标，暂停办理借款业务，实行限时整改。

（6）审批中风险点实行量化控制。如逾期额度和次数不得超过文件规定，资产负债率不得高于规定比例，互助金借款展期只能办理1次，展期期限不得超过原借款期限的一半等。否则，在审核环节，可以根据量化控制要求对借款业务实行否决。

3.动态监管类

（1）控制不良借款率在1%以内，逾期率控制在1.5%以内。

（2）户均实行差异化监管，一般在50万元左右。

（3）投放率在85%以内。

（4）风险准备金提取比例为9%。

（5）专项准备金提取比例为关注类5%、次级类25%、可疑类50%、损失类100%（关注类2019年之前为2%）。

（6）对于续借业务，同一借款户续借累计不得超过2次，总体续借比例必须控制在25%以下。

（7）同期借款户数不得超过社员数的49%，同期借款总额不得超过资金总额的80%，所有原始股东借款累计不得超过资本净额的25%。对单一社员的借款总额不得超过资金总额的15%；对单一非自然人社员及其关联社员、单一自然人社员及其在同一户口簿上的其他社员借款总额不得超过资金总额的20%。

（8）建立资本充足率监测预警，确保资本充足率在任何时点均保持在8%以上。

（9）确保拨备覆盖率始终保持在100%以上。

（10）借后管理规定借款发放15天内必须进行一次借后管理工作等。

4. 高管关联类

（1）高管的股金质押率规定90%上限，且个人不得以授信的形式为他人担保。

（2）高管借款的审批权限实行回避制度，不管金额大小都必须由市联合社审批。

（3）高管的资金使用费率按规定执行，不得低于同期同类他人借款费率等。

在资金互助运营过程中，通过数字化指标实时监管，超出指标要求的，市联合社及时下发监管函予以警示并限期纠正。

第五章

激活乡村：黄山模式与“三位一体”

生产、供销、信用
三位一体
在钟灵毓秀的黄山脚下
黄山模式
向农而生、融惠于农
助推“三位一体”
涌现了一批“三位一体”融合
发展典型
如星星之火
在闪光、在发展
产业兴
则乡村兴
守住初心
激活乡村
黄山模式
在行动

第一节　构建“三位一体”“哑铃”结构路线图

“三位一体”是全国供销系统为农服务路径的顶层设计，也是新时代、新供销、新作为必须坚持的总体要求和根本遵循。在这一认识的指导下，激活乡村，为农服务，黄山供销农村资金互助积极探索为农服务方向的“三位一体”实践：在黄山市供销社平台，以业态共振为基础，充分发挥金融服务的造血功能，设计了黄山“三位一体”“哑铃”结构路线图，即以资金互助为抓手，紧紧连接生产、流通这两大供销社职能终端，打造生产、供销桥梁，巩固“三位一体”融资造血支撑“三农”发展的能力。

黄山模式“三位一体”“哑铃”结构图

2015年以来，在为农服务和深化供销社改革的探索实践中，黄山供销农村资金互助累计扶持农业项目7 000余项。其中，累计发放乡村旅游产业互助金借款6亿元，累计发放茶产业互助金借款4.2亿元，累计发放“两条鱼”（泉水鱼、臭鳜鱼）产业互助金借款2亿元，累计发放全市种粮大户互助金借款0.7亿元。全市茶产业受益项目共计835个，养殖业受益项目共计338个，种植业受益项目共计1 071个，旅游产业受益项目共计307个，为其解决了融资难题，其中涌现出了一批批“三位一体”融合发展鲜活实践案例。

黄山供销农村资金互助稳健发展，在社会上产生了积极影响：2016年3月27日，被新华社《国内动态清样》誉为农村资金互助升级版的“黄山模式”；2017年《安徽改革信息》第7期报道黄山资金互助工作，并上报中央全面深化改革委员会办公室；2018年，在黄山成功承办全国供销系统首届农村合作金融创新实践研讨会，“黄山模式”被全国总社称之为可复制推广的改革经验；2019年，作为协办单位，在重庆成功举办第二届以“三位一体”融合为主题的农村合作金融创新实践研讨会；2019年，国务院发展研究中心《中国农村金融发展报告（2017—2018）》将农村资金互助“黄山模式”作为案例之一编入其中并做详细介绍。2020年11月28日，在重庆召开的“生产、供销、信用‘三位一体’综合合作专题座谈会”上，黄山作为全国唯一的地市级代表，在会上做了“三位一体”融合发展典型发言，赢得与会全体代表的强烈反响。

第二节 “三位一体”融合发展的八个实践案例

一、把根留在乡土

乡土是家乡的土地

是人们生于斯长于斯的地方

也是心灵得以安放的精神家园

那是“悠悠天宇旷，切切故乡情”的思念
是“仍怜故乡水，万里送行舟”的不舍
是“浊酒一杯家万里，燕然未勒归无计”的感叹
是“唯有门前镜湖水，春风不改旧时波”的感怀

黄山供销集团牵头打造的“四月乡村”项目

扎根乡土，意味着业务下沉到基层，金融服务组织业务下沉到最后一公里，才能真正实现为农服务。这是摆在所有农村金融服务组织面前的一道难题！

业务下沉，一般来说面临的成本也会加大；业务下沉，意味着金融服务组织要发挥其为农服务人缘、地缘、业缘（即产业）优势。业务下沉，服务农业，意味着必须具备助力当地农村经济发展的乡土情怀。

黄山山多地少，以经济作物为主，特色优质农产品较多，分散经营、规模小，“小、散、弱”一直是制约黄山地区农业发展的瓶颈，必须靠资金“激活、盘活、整合”这些优质农产品资源。在资金供给端，就必须以市场需求为导向，以扎根乡土为基础，面对面服务农民，手拉手拓展市场，走入田间地头，为优质农产品养殖种植基地造血，这样才能培育农业

农村发展新动能。

（一）社员情况

黄山市农民专业合作社有1 000多家，其中供销社系统牵头打造的超过400家，大多是黄山供销农村资金互助的社员，黄山农村资金互助因此也培育了一批农民专业合作社的发展。歙县北岸供销合作社是黄山供销社系统的基层合作社，其成员企业雅氏贡菊专业合作社是收购、加工、销售菊花等的大户，该合作社将传统模式与电商销售相结合，拥有优质的菊花生产基地5 000多亩，菊农成员200多户，带动3 000多农户增收致富。菊花是黄山市的特色产业，贡菊、杭菊、滁菊、亳菊并称中国四大名菊，黄山贡菊是四大名菊之首，因在古代被作为贡品献给皇帝，故名“贡菊”，其盛产于安徽省黄山市的广大地域。歙县北岸镇是徽州贡菊的核心产地，种植历史已有700多年，贡菊一直以来是产区农民收入的主要来源。

（二）主要做法

黄山供销农村资金互助以为农服务为宗旨，紧密结合当地市情、农情，扎根乡土，践行业务下沉之路。

黄山供销农村资金互助的做法是聚焦种植基地：主要利用其扎根乡土的优势，结合黄山农情，为种植基地社员推出“农信借”借款产品，为农民社员、农民专业合作社、基层社的种植基地授信融资。

“农信借”是指采取灵活的小额、短期、分散借款方案，为满足农民社员（种植基地）快捷、便利的融资需求，在分析借款社员的生产状况、偿还能力及信用记录后，对种植基地进行一定额度的授信而办理的互助金借款业务。

（三）取得成效

“农信借”产品适应农村市场的融资需求，助力社员的产业发展，把惠农政策转化为真金白银，解决了社员农忙季节“小、频、急”的用款难题。

雅氏贡菊菊农在挑拣菊花

自2015年运营以来，黄山供销资金互助累计为超过700个种植专业合作社和相关社员提供超过5亿元的互助金借款，及时为其融资造血，培养了一批优质农产品种植加工和销售大户。

雅氏贡菊专业合作社，由基层供销社担保等方式，黄山资金互助对合作社和菊农开展资金互助业务，解决菊农和专业合作社的融资需求。与此同时，在生产环节，供销系统对其产业基地农药制定统一标准，实行统一配送；在销售环节，通过与农民专业合作社的约定，按照高于市价一定比例的保底价格收购。在生产、供销、信用环节为农民专业合作社提供了广泛的服务。其开发的雅氏贡菊已获得“安徽省著名商标”“国家地理标志保护产品”和“全国名特优新农产品”品牌优势。

为什么黄山供销农村资金互助可以植根乡土做到“走到最后一公里”？从增加农民群体金融服务的普惠性和降低风险的角度分析：

一是聚焦产业基地。通过短期借款，借款周期和基地作物周期一致，在充分评估基地作物的基础上对其授信，可以降低风险，也满足了社员借款“小、频、急”的需求。

二是聚焦资金用途。通过业务下沉，实地走访，严格控制，可以确保资金流向农村，让资金用到田间地头，用到具体农业基地中，专款专用。

三是聚焦押品创新。由于种植基地没有有效的抵（质）押物，将农民或涉农企业的生产工具、农产品等变成“钱”，采取灵活的质押方式或基地授信模式，盘活优质农产品资源，可以解决其“融资难、融资慢”问题。

四是聚焦优质服务。可以利用供销社的基层服务优势和熟悉农业技术的优势，提供增值服务和产业协同服务。同时在办理效率上，通过灵活、便捷的方式，不收取任何手续费，业务人员的办公现场就在田间地头，可以体现优质服务优势。

二、让资产活起来

怎么盘活农村各资源要素、激发农村发展活力？这是上到中央下到地方、从政府到研究机构都在思考要如何解决的问题。在全面深化改革的顶层制度设计下，习近平总书记在2015年11月的中央扶贫开发工作会议上强调指出：“通过改革创新，要让贫困地区的土地、劳动力、资产、自然风光等要素活起来，让资源变资产、资金变股金、农民变股东，让绿水青山变金山银山，带动贫困群众增收。”2017年中央1号文件也指出：“探索发展集体经济的有效途径，以‘三变’改革增加集体经济发展活力和动力。”从某种意义上说，激活乡村，让农村资产活起来，“三变”是切入点。黄山供销农村资金互助作为农村金融的有益补充，激活乡村，通过让农民拥有的资产或资源活起来，为“三变”改革做了一些力所能及的工作。

（一）社员情况

金禾米业坐落在素有“世外桃源”和“中国画里乡村”等众多美誉的黟县碧阳镇，厂区占地12 000米^2，是从事粮食生产、收购、储存、加工、销售的省级粮食产业化龙头企业。

法人代表舒建武是资金互助社员，从事粮油加工二十余年，是黄山市黟县粮食收购大户，在当地社会影响力较高。随着经营规模的不断扩大，在其发展过程中，融资需求也在不断增强。

2015年，舒建武的金禾米业开始扩大优质大米生产基地规模，先后流转土地3 600亩。到了2017年，舒建武的金禾米业发展模式又由原来的生产基地转变为粮食加工销售，产业链由生产领域向加工销售领域拓展。除了回收联合体的稻谷以外，还参与拍卖中央级、省级、县级储备粮，进行粮食加工。不断扩大、不断转型的生产经营方式，促使其资金需求由小变大，由缓变急。但社员舒建武主要的资产是库存稻谷，存在融资难问题。

（二）主要做法

为了解决其融资难题，黄山供销农村资金互助针对其主要资产是仓储粮食的现状，尝试对其粮食库存进行盘活：一是对稻谷资产采取封库质押；二是为了防止稻谷霉变，对稻谷进行农业保险投保；三是采取一次核定借款额度多次循环借款方式，根据粮食库存量对借款额实行动态投放和动态回收。

2017年年底，黄山供销农村资金互助又为其推出了虚拟资产抵押借款方式，对其注册商标一次性授信3年，核定抵押150万元的借款额度，进一步解决其抵押物不足、融资难问题。

（三）主要成效

通过资金互助的持续资金支持，金禾米业总资产从2015年的2 900多万元上升到近6 000万元。目前其产业已经涵盖粮食的生产、加工、销售以及餐饮和旅游行业。

金禾米业粮食产业园

金禾米业稻谷种植基地

与此同时，其品牌知名度也得到提升，成立了黟县金禾优质粮油生产联合体，解决了美溪、西武、打鼓岭等7个村庄4 000多亩粮油基地的粮食产销难题。其“金宏村”知名商标，获得2018年度安徽名牌项目。

通过这几年的合作，黄山供销农村资金互助与社员舒建武形成了稳固的资金存借互助关系。你中有我，我中有你，开启了种粮大户库存稻谷存单质押变现金的探索和尝试。

通过资金互助的介入，实现了社员粮食生产、加工、销售产业链的延伸，也真正做到了生产、信用、供销“三位一体”融合发展。

三、他走进中南海

2017年，党的十九大报告中提出的乡村振兴战略，为新时代的农村发展描绘了一幅宏伟蓝图。创造条件，吸引大学生回乡创业，为农村发展做出贡献，是乡村振兴的希望所在。

（一）社员情况

2014年，大学生徐海波放弃了城市的丰厚待遇，毅然回到家乡黟县屏山村务农创业，通过整村土地流转的方式，成功流转了耕地1 600亩，创办了有农合作社，开始了艰难的创业生涯。

近年来，在资金互助的不断支持帮助下，其规模不断扩大，业态也不断扩展，逐步朝着以优质农产品开发、种植、加工、销售、社会化服务、农业休闲旅游为一体的综合性现代农业企业稳步发展。然而，在徐海波创业之初和各个阶段，都不同程度地存在抵押物不足和融资难问题，这时资金互助成了他的帮手、贴心人。

（二）主要做法

针对该社员从创业期到产业化发展期面临的不同阶段的融资需求，黄山供销农村资金互助在业务上实行与社员产业发展“同频共振、创新发展”，不断创新借款方式，满足社员融资需求。

一是在其创业初期，黄山供销农村资金互助结合有农合作社的发展理念和经营模式设计了互保联保的借款方式，首次发放创业借款50万元，并固化了创业借产品。

二是在其快速成长期间，又根据其资产情况和具体经营情况，为其量身打造了粮食仓单质押借款方案，满足其对流动资金的需求。2017年又通过“户贷企用”的扶贫政策，在帮扶40户贫困户的同时，又缓解了有农合作社长期面临的用款压力，也增加了合作社的社会公信力。

三是近年来又推出了农机借、农联借等产品。农机借产品是通过盘活有农合作社的大型专业化农机、器具，由联合体的成员申请借款，借款用途专项用于购买大型农机。农联借产品是由联合体的成员申请借款，有农合作社以其成员提供的劳务将支付的服务费进行背书或担保，借款专款专用。通过以上方式解决有农合作社及其社员生产种植过程中的资金难题。

（三）主要成效

有农合作社案例是大学生返乡创业成功的典型，也是产业精准扶贫的典型。

在无土地、无资金、无银行贷款能力的情况下，黄山供销资金互助在实地走访、深入调研后，结合其发展理念和经营模式设计互保联保、仓单质押等多种借款方式，先后共计发放互助金借款超过2 000万元，目前有农合作社已成为全产业链优质大米生产龙头企业，其“田川模式”成为黄山市农村“三变改革”的先行者，被载入农业农村部编写的全国农业社会化服务典型案例，徐海波作为全国唯一一位农业基层群众代表参加了2017年1月16日李克强总理主持的《政府工作报告》征求意见座谈会。2018年，该社员以新型农民的身份获得全国劳模荣誉称号。

同时，其联合体先后整合了渔亭、柏山、西递等10个村庄种植产业基地。目前，有农合作社拥有社员2 000多户，与26个家庭农场结为联合体，涉及种植面积2.1万亩，带动6 000多农户致富。

四、茶企打白条的前世今生

绿遍山原白满川，
子规声里雨如烟。
乡村四月闲人少，
才了蚕桑又插田。
——宋·翁卷《乡村四月》

黄山美丽乡村

每年的清明时节，是黄山市春茶上市的旺季。春茶收购中需要筹集大量资金，很多茶企都在资金方面捉襟见肘，“打白条”现象经常发生，茶农需要很长时间才能拿到资金。

黄山市把茶产业打造成黄山特色的支柱产业。黄山有著名的黄山毛峰、祁门红茶、太平猴魁，茶叶综合产值上百亿元，在全国地市级产茶区排在第一方队。

（一）社员情况

新安源茶叶农民专业合作社是地处皖南山区腹地的有机茶生产合作社，有机茶基地面积8 700多亩，所属的农民合作社有社员近600人。由于缺乏流动资金，又没有足额的抵押物，多年来，一直靠“打白条”维持春茶的收购，成为茶企和茶农共同的痛点。

（二）主要做法

针对茶企“打白条”现象，黄山供销农村资金互助开发了“茶农借”产品，在茶企和茶农之间搭建起资金互助的桥梁，及时为茶企融资造血，采用茶票质押或茶叶合作社担保的方式，使得茶农能及时回笼茶叶款。

“茶农借”产品是茶农凭茶企开具的茶票或茶叶企业担保，向黄山供销农村资金互助质押借款或担保借款。茶农可以及时拿到资金，再用于茶叶生产及生活开支，“白条”终于变成了现金。

（三）主要成效

作为黄山供销农村资金互助的社员，新安源茶叶农民专业合作社便是受益者之一，现已从一家个体企业发展为集茶叶生产、收购、加工、销售、科研为一体的全国农产品加工示范企业和省级龙头企业，每年为当地茶农直接增收2 000余万元，带动农户8 000余户，获国务院扶贫开发领导小组表彰，是目前国内最大的有机绿茶生产基地。

新安源茶叶农民专业合作社茶农方国范是黄山市休宁县鹤城乡渔塘村农民，他也是茶农借产品的受益人之一。他努力投身于有机茶种植推广和技术革新中，积极帮扶茶农脱贫致富；他积极推广“企业+合作社+农户+基地”模式，在村民中率先入股并参与新安源茶叶农民专业合作社的建设。2020年，社员方国范获得全国劳模称号。

黄山供销社通过黄山供销农村资金互助解决茶企“打白条”，成功融入茶产业生产、加工、销售等环节。生产环节农药实行统一配送，制定统一标准；销售环节通过农民专业合作社约定按照高于市价一定比例保底收购；在资金不足时，或茶农需要资金时，通过“茶农借”服务产品，实现其用款需求。

新安源茶农采茶现场

农民所能触及的产业链条短，小规模农户是我国农民的主体，与大市场有机衔接需要通过农民合作经济组织、农业社会化服务组织以及农村金融的聚力支持。黄山供销农村资金互助在为农服务的生产、供销、信用环节形成良性循环，开创了茶农资金有保障，茶企发展壮大有能量，茶叶质量有保证的良好局面。

五、让古建及其构件活起来

黄山市（原徽州地区）是徽文化发源地之一，文化底蕴深厚，文化旅游资源密度大、品位高、分布广。全市有国家级历史文化名城、名镇、名村、名街19余处，中国传统村落90多处，各级文物保护单位580余处，各类博物馆（纪念馆)50多家。近年来，黄山市以徽州文化生态保护区建设为平台，积极构建政府主导、社会参与、市场运作的文化遗产保护利用体制，通过实施“百村千幢”古民居保护利用、徽州古建筑保护等一批重大工程，努力把文化资源优势转化为产业发展优势，并制定出台《黄山市徽州古建筑保护条例》等一系列规范性文件，对涉及抢修、迁移、认领、土地使用权转让、房屋登记等作出明确规定。古建筑包括古民居、古祠堂、古牌坊、古楼阁、古城墙、古水系、古塔、古桥、古坝、古亭、古道、古井等建筑物、构筑物。古建筑构件包括天花、藻井、隔扇、门窗、隔断、斗拱、雀替、梁柱、门罩、匾额、吻兽、抱鼓石等木构件、石构件、砖构件。

徽州古建筑是脆弱的文化遗产，特别是在当今的城镇化进程中，如果不加以保护，很快就会消亡。所以要利用多种渠道，引入民间资本，对古建筑采取更有力的保护措施。

徽州的古建筑

（一）社员情况

社员周某，祖籍合肥长丰，20多岁的时候就来到黄山市歙县，当时从事电信网络工程，所承建工程遍布黄山市的三区四县，在各地工程施工的过程中，看到当地农村有很多徽州古建筑，慢慢便对古徽州建筑、古徽州文化产生了浓厚的兴趣，被古徽州的匠人精神所吸引。

他发现在当地农村，很多农户缺乏对古建筑的保护意识，把老祖宗留下的文化遗产当废品，有的拆了古建筑盖新房，有的任由古建筑坍塌，有的将倒塌的古建筑材料当柴火烧，有的则将古建筑放任不管常年被虫蛀蚁咬，非常可惜、也非常心痛。该社员便萌发出一个大胆的设想，将这些古建筑材料买下来集中保护，以减少自然损坏及人为破坏，将老祖宗留下来的遗产传承下去，让其“活起来”。

通过多年的积累，目前该社员收藏的古建筑材料共60余套，每幢房屋均将原构件原封原样地拆下来，并按原貌画有图纸，有破损的进行全面修复，目的在于使每一幢古建筑按原型原貌“活起来”。

将这些古建筑材料买下来还不够，将古建筑原封原貌地树立起来，展示传承下去才是最终目的。目前，该社员已着手投资兴建黄山拙园项目，通过政府在歙县富堨村征地100余亩，以徽派园林为主体，利用原拆原建的徽州老宅为基本元素，融入新理念，结合新建筑，建设精品酒店区、观光区、餐饮区、书院、美术馆等设施。利用得天独厚的原生态自然环境，便利的交通优势，通过广泛的文化交流，提供精致的旅居、康养、研学、观光、食宿等服务，推广销售徽派园林设计及徽派建筑美学构件，带动周边农村的农产品销售，促进地方经济提升，项目总投资1.2亿元。该项目被列为2019年省重点项目。

利用散落的古建材料修复的拙园项目效果图

在项目实施过程中，2019年共需征地费用1 500多万元，因基础设施建设与古建筑材料的修复必须同步进行，需多处资金投入，社员出现了资金紧缺的困难。但古建筑材料在银行资产评估系统难以抵押。

（二）主要做法

通过对社员的全面考察及对社员拙园项目的整体方案综合评估，黄山供销农村资金互助对该社员发放了180万元借款。

借款方式采用古建筑材料质押，用于古建筑材料的修复工程，确保了项目的有序进行。主要做法如下。

一是对古建筑仓库内部及周边安装监控及加锁监管，通过远程传送至黄山供销农村资金互助监控电脑画面，可以随时查看仓库内部及外部动态。

二是安排客户经理一周两次实地借后检查，若出现异常，合作社能第一时间发现问题，且考虑到古宅材料为大型不易转移的动产，短时间内进行转移比较困难，所以风险相对可控。

三是考虑到质押的古建材料是用于拙园项目的老宅重建，后期会陆续出库，黄山供销农村资金互助还与社员签订协议：出库一套古宅材料，归还一定比例的互助金借款，控制担保风险。

借款社员抵（质）押的古建材料

四是签订四方协议：借款社员、出质人、出租人、资金互助签订四方协议，借款社员、出质人对仓库内的质押物负安全保管责任，降低了质押物库存保管的风险。

实践证明，古建筑材料仓库不封库，但通过视频实时监控，这种土办法实用且有效。

（三）主要成效

社员周某通过资金互助的支持，目前园区已经完成了30栋待建老宅的修整工作、基础设施建设、挡墙、围墙、景观水面建设，第一期4 000米^{2}的建筑物基础已经竣工。

黄山供销农村资金互助自运营以来，先后向古建筑保护提供互助金支持超过5 000万元，通过古建及其构建的盘活，既激活了民间资本保护古建，又支持了文旅社员的发展，助推了黄山旅游产业发展。

创新古建筑抵（质）押，当地农户古建资产变资本，农民的老房子资产实现了保值、增值，参与民间资本保护古建筑，是政府保护传统文物或民间文物资源的市场化有益补充，拓宽了古建筑保护渠道，带动了乡村旅游，激活了黄山农村古建市场，并助力催生了特殊古建筑修复、加工和建造等特色产业。

六、让农民在家门口创业

萱草朝始开，
呀然黄鹄觜。
……
君看野草花，
可以解忧悴。
……

——宋·苏辙《萱草》（节选）

农民职业化，通常是指农业现代化需求的农民专业化分工以及职业化的发展。体现在农业生产规模的不断扩大，农民群众的科技文化素质不断提升以及农业再投资能力不断增强等。在我国2.6亿小农户中的2.3亿是承包耕地的农户，黄山地区山多地少，大多都是小农户，如何助力小农户发展，是黄山供销农村资金互助关注的重点。

（一）社员情况

黄山区永丰乡岭上村位于黄山市北端，当地盛产富硒大米、萱草（萱草，即黄花菜，又名忘忧草，在我国有几千年的栽培历史，永丰苏氏先祖苏辙就曾有“萱草朝始开，呀然黄鹄觜。君看野草花，可以解忧悴。”的诗句来描述忘忧草。萱草因具有很高的营养价值和药用功能而广受人们喜爱）、茶叶、花生、山芋粉等，野生资源也极为丰富，有葛粉、竹笋、蕨菜、山藤花等。但过去由于交通不畅、信息闭塞等因素，优质的农产品没有好的销路，同时种植规模零星化，没有形成基地化种植，农民收入一直不高，贫困人口和外出打工者较多。

永丰乡的“黄花菜”产业基地

如何让小农户由单独种植到基地化种植、产业化种植，并带动整村产业化发展，将优质农产品或精致农产品推广出去？融资造血是关键。农民社员徐平就是黄山区永丰供销社的成员之一，也是黄山供销农村资金互助的社员，他在当地组建了岑丰农产品种植专业合作社，积极利用当地资源，积极开发、种植当地优质农产品，黄花菜（萱草）就是其主打产品，带动农民就业，助推当地农产品产业化发展。

（二）主要做法

黄山供销农村资金互助采取“合作社+社员+基地”的合作模式，社员需要资金，合作社以基地资源为其担保。如黄山区永丰供销社，以“黄花菜”产业为代表，将当地的农产品进行“产供销”有机整合。社员徐平需要资金购买物资，可通过资金互助、黄山区永丰供销社及借款社员三方签订黄花菜种植基地项目资金抵押担保协议，在合作社、社员、基地之间搭起资金桥梁，满足借款社员的资金需求，同时也实现了精准扶贫。

（三）主要成效

近年来，黄山区永丰供销社以“黄花菜”产业为代表，助推当地“一粒米、一竿竹、一片叶、一枚果、一朵花”绿色产业优化发展，帮助当地优质农产品“走出去”，成为新型农业主体带动脱贫的先进代表。

黄山供销农村资金互助为小农户造血，农民由小农户不断发展壮大，由农民工返乡实现创业，由农民转型变“老板”，在“家门口”实现就业，并带动部分贫困户脱贫。据统计，自黄山供销农村资金互助运营以来，累计为超过700个小农户的产业基地或种植、养殖项目造血，资金投放累计超过1亿元。

七、“草”鱼变“金”鱼，“臭”鱼分外香

泉水养鱼在黄山市至今已有400多年历史，泉水鱼生活在高海拔低温清冽流动冷幽的山涧中，鱼体通透，色泽乌黑，从鱼苗长到2千克的成鱼

至少需要5年，故此鱼非常珍稀，由于以当地农民投喂的山间青草和时令菜蔬为食，且山区日照少，生长缓慢，鱼肉紧实，肌间刺少，鱼肉晶莹红润，品尝起来口感绝佳，无泥腥味。黄山市泉水鱼养殖区域覆盖两区四县(除屯溪区)，共有鱼池(塘)近9 000个。综合产值超过4亿元。2018年，黄山市通过山泉流水养鱼项目实现了68个村，1 235户、3 261人稳定脱贫，初步探索出了一条山区精准脱贫的新路子。

臭鳜鱼作为中国八大菜系之一的徽菜品，在黄山市实现了产业化发展。目前，黄山市上规模的生产厂家超40家，产品销往全国各地。黄山作为徽菜发源地，全市规模以上徽菜餐饮品牌企业达200多家，一般餐饮店5 000多家。2018年，全市餐饮业总收入突破70多亿元，徽菜食材销售达80亿元左右，带动5万余人就业。徽州臭鳜鱼，是舌尖上的美味，也是舌尖上的上亿元产业，由此香飘九州。

（一）社员情况

黄山石屋坑冷水鱼家庭农场负责人余某，是休宁县汪村镇田里村岭脚人，当地家家户户曾有在房前屋后用石块砌筑10米^{2}大小的鱼池，引入山溪泉水，养上几十条草鱼和少量鲤鱼，以备逢年过节食用和赠送亲戚的传统。改革开放后，随着农村富余劳力外出务工，村中大部分鱼池荒芜，有的改种蔬菜，有的杂草丛生。

近几年传统养殖的“过年鱼”开始受到游客青睐，这让余某有了养殖泉水鱼的念头。余某在汪村村流转土地100多亩，新建鱼塘32个，养殖草鱼、鲟鱼、鲤鱼、石斑鱼等品种。2016年，又开始兴建皖南石斑鱼基地，扩大规模，需要资金，因无抵押物，融资遇到了难题。

臭鳜鱼产业链有季节性要求，收购季节资金需求集中，企业往往在特殊时间点需要大量资金收购鲜活鳜鱼备库，但这类涉农企业又往往没有较好的抵押担保物。一般在每年10月左右，错过渔季，在后期就需要高价购入鳜鱼，而臭鳜鱼的加工和销售需要半年以上时间，大量库存占用了现金。作为徽州臭鳜鱼非物质文化遗产保护单位和非物质文化遗产传袭基地的徽老爷食品有限公司，因缺少商业银行需要的抵押物，一直不能获得足够的资金支持，鳜鱼加工产业化的想法始终没有办法得到落实。

（二）主要做法

为解决上述“两条鱼”产业链资金需求，黄山供销农村资金互助采用了以下做法。

一是采取基地授信的方式，为渔农融资。渔农养殖或建立基地缺少资金，资金互助通过供销社“社有企业+基地”担保等方式，构建产、销利益链，风险共担，信用共享，满足了泉水鱼产业的资金需求。

二是为了助力臭鳜鱼产业发展，开发了“鲜活鳜鱼”仓储质押借款产品。

仓储质押的流程是由借款社员、黄山供销农村资金互助或融资担保机构和仓库监管方达成三方协议，借款社员把质物寄存在监管公司的仓库中，然后通过担保公司担保进行融资；黄山供销农村资金互助根据质物的价值结合保函向社员提供库存价值总量70%的借款；质押的货品不一定由借款社员提供，可以是供应商或监管公司。借款企业社员使用质物时，应提前偿还相应库存价值 70%金额的互助金借款，仓库见还款证明予以出库。这种方式的借款实现了农产品作为质押物借款的创新，黄山供销农村资金互助在鳜鱼养殖或加工企业中进行了尝试，为涉农企业社员解决了资金需求，也提高了鳜鱼上下产业链相关农户的利益。

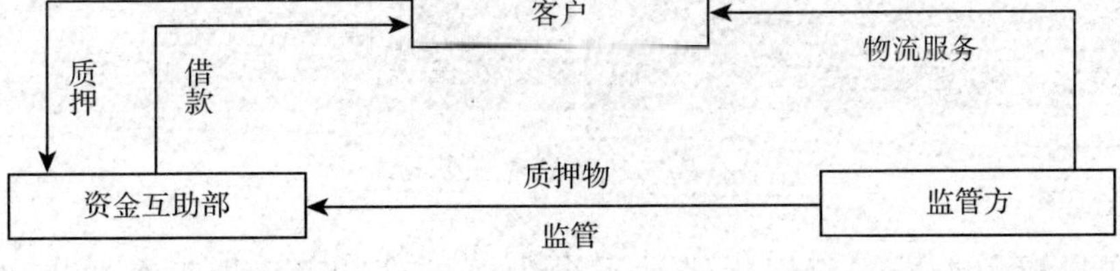

仓储质押借款流程图

（三）主要成效

在泉水鱼方面，仅以供销社平台为例，2016年由黄山市供销集团牵头，联合6家专业合作社、4个养殖户和1个贫困村集体，成立社有资本控股的黄山泉水鱼产业开发有限公司，按照“公司＋合作社+养殖户”模式，资金互助为养鱼户提供借款。目前，已带动全市新建泉水鱼养殖池4 032个，改建泉水鱼养殖基地78处，扶贫养殖户28户，带动农户累计增收200万元左右；实现了“黄山泉水鱼”鱼跃龙门质的飞跃。《人民日报》（2018年3月28日14版）发表了《高山泉水清　草鱼变“金鱼”》的专题报道。

在个案方面，黄山供销农村资金互助通过创业借产品累计给予黄山石屋坑冷水鱼家庭农场超过70万元互助金支持。通过资金互助支持，其基地在2018年年初投入使用，还建起了一个可接待游客100余人的“石屋坑泉水渔庄”农家乐。社员余某发起注册了黄山休宁泉水鱼养殖农民专业合作社，目前已有60多户渔农加入了合作社。该村胡某夫妻都是聋哑人，是出了名的贫困户，合作社将他家养殖的泉水鱼第一年就卖出了8 000多元，不仅改善了他家的生活状况，还吸引了一些原来左顾右盼的农户参与到泉水鱼养殖的行列中。该村有36个农户在自家房前屋后建起了鱼池。

石屋坑泉水鱼养殖基地

在臭鳜鱼方面，仅以供销社平台为例，对臭鳜鱼加工企业提供入园孵化，并通过鲜活臭鳜鱼质押、政银担、与银行配套等方式，为臭鳜鱼加工企业量身定制仓储质押借款方案。仅作为徽州臭鳜鱼非物质文化遗产保护单位和传袭基地的徽老爷食品有限公司一家就先后得到黄山供销农村资金互助1 000万元的资金支持，同类企业在质押期间无需传统抵（质）押物提供担保，借款费用低于一般的存货质押费用，有效解决小微企业融资难、融资贵问题，增加了资金的流动性，扩大了市场份额，提升了企业的利润空间，实现了其产业化发展的梦想。

黄山供销农村资金互助通过黄山市供销社平台积极助力“两条鱼”产业发展，实现了生产、加工、销售环节的多赢。

一是供销社“资源”的盘活。这种做法是黄山供销农村资金互助特长之一。针对当地其他金融机构缺乏产业链优势，黄山供销社充分发挥其企业产业链优势，产、供、销一体，在泉水鱼产业链实现信用合作。同时，供销社系统还会在生产环节对社员提供生产标准和技术支持，在销售环节解决销售问题。

二是资产的盘活。黄山供销农村资金互助为“两条鱼”产业链造血，满足其资金需求。黄山供销农村资金互助在收购季节提供资金，盘活库存，变库存为现金，释放了企业的产能，促成了“两条鱼”的收购进程，也解决了“两条鱼”加工的后顾之忧。这种抵押方式还有一个好处，不会影响涉农企业正常的生产和销售，盘活了涉农企业的库存品，变库存为真金白银，有效解决涉农企业的融资难问题。

三是服务的灵活。黄山供销农村资金互助派出专人实行一对一服务，将抵押的鳜鱼封库统一管理、配送，既保证了资金的安全，又能紧密联系社员，深入了解企业经营情况。这种做法虽然耗费精力，一般银行都不愿意做，但黄山供销农村资金互助敢于尝试，主要源于其已经渗入到“两条鱼”的“产、供、销”产业链各端，形成为农服务的规模优势。

八、"金泉"进航天

清溪清我心，水色异诸水。
借问新安江，见底何如此。
人行明镜中，鸟度屏风里。
向晚猩猩啼，空悲远游子。
——唐·李白《清溪行》

皖浙交界处的黄山清凉峰

黄山自然资源丰富，尤其是水资源，全市共有河流600多条，水系有三江之源，以黄山桃花、云门二峰为界，分别流入新安江、钱塘江和青弋江、长江的新安源和弋江源，发源于黄山南坡西段的阊江南流入鄱阳湖的阊江源。

（一）社员情况

黄山顶谷有机食品有限公司经营地址位于黄山市歙县三阳镇中村村慈坑自然村，地处国家级自然保护区清凉峰脚下，致力于黄山优质水资源的开发，该企业主导产品"三阳金泉"天然矿泉水，是来自清凉峰脚下的天然优质矿泉水，2015年5月，企业为了生产和推广三阳金泉矿泉水，遭遇资金短缺难题。

（二）主要做法

黄山供销农村资金互助先后向该企业发放互助金借款100万元，及时解决了企业的燃眉之急。主要借款方式是采取水资源盘活和水资源品牌盘活的方式，评估该资源的品牌价值，同时对社员追加授信。

（三）取得成效

举世瞩目的中国神舟十一号载人航天飞船发射工程取得圆满成功，这标志着我国载人航天工程取得了又一新的伟大成就。而由黄山供销农村资金互助扶持的黄山顶谷有机食品有限公司，其董事长夏某，于2016年10月17日受邀前往神舟十一号载人飞船发射现场观摩。其企业主导产品“三阳金泉”天然矿泉水，经过严格审查与筛选，成功入选航天工程配套产品推荐目录，作为神舟航天发射现场贵宾专用饮用水。“三阳金泉”天然矿泉水成为黄山市唯一入选“航天工程目录推荐产品”，这也是“三阳金泉”天然矿泉水走向全国的重要一步。

只有社员发展了，才能体现互助资金的市场价值和社会价值。农村资源丰富，但很多都是沉睡的资源，需要民间等资本参与激活，而三阳金泉水资源品牌建设之路，只是黄山供销农村资金互助助力唤醒沉睡资源的一个缩影。

黄山农村资金互助支持资源类项目较多，这些项目具有如下共同特点：

一是创业初期。扶持对象拥有丰富的农村资源，但丰富的农村资源有待开发，而且开发成本较高，而农民又缺乏大量的资金。

二是押品难押。这些资源在银行的资产评估系统中，是不能抵押或没有变现价值的。

三是前景不明。银行人员对项目的未来发展难以预判，难以消除对项目开发人员或创业人员信息不对称的顾虑，不敢借款，也不愿意借款；而黄山供销农村资金互助对项目开发人员或创业人员有知根知底的优势，也对农村资源熟悉，对相关产业有产业链优势，更愿意花费精力去扶持农村优质资源的开发。

四是评估难评。对资源或资产的评估需要灵活，在风险发生后，要能够整合此类资源，做到风险相对可控，敢借、能借、愿意借。这也是黄山供销农村资金互助存在的优势。

第六章

风雨兼程：黄山模式永远在路上

农村

未来经济的一片蓝海

登高望远

未来已来

初心不因来路坎坷而改变

使命不因风雨兼程而淡化

农村合作金融是个大课题

农村合作金融服务的实践探索

永远在路上

第一节　激活动力更需外部条件助力

通过多年的实践与探索，众多的案例验证了黄山供销农村资金互助“黄山模式”的安全性与生命力，体现了黄山供销农村资金互助很强的内生改善能力和行业自律能力，风险防控的构建也积累了一定的经验。但资金互助业态在接下来的发展中，还需要进一步的探索，服务“三农”是我们不变的初心，农村市场，下一片蓝海，未来大有可为，但农村资金互助的业态发展不可盲目乐观，还面临不少困难。

一、监管体系尚需进一步明确法律定位

资金互助组织法律定位至今尚不明确，也没有明确统一的监管主体，无法形成常态化监管。这是其一大痛点，也是制约其长足健康发展的一大障碍。为此应在以下四个层面加以完善。

一是监管理念的完善，核心是准入门槛的设置、退出机制的设置以及如何维护监管对象的可持续发展。

二是监管手段的完善，核心是信息的披露机制。

三是监管力度的完善，核心是加大对违规的处置。

四是对市场运作机制的完善，通过市场化，市场主导，政府引导，深耕农村市场，形成与之相匹配的产品政策体系和风险补偿体系。

二、供销系统开展农村资金互助尚需相对规范统一

农村资金互助组织缺乏专业人才、缺乏统一的规范等，有些资金互助组织在实际工作中不能较好地辨认和把控风险，在经营中积累了一定的风险。

按照习近平总书记提出的建立生产、供销、信用“三位一体”农村新型合作体系的要求，我们将“三位一体”融合发展作为供销社开展为农服务的新理念。但目前供销系统开展资金互助的路径选择形式多样，优劣并存，需要按照习近平总书记的要求来整合提升，为科学规范管理奠定基础。

第二节　有序发展更需聚焦管理规范

经过多年的发展，资金互助业态经历了由民间试点到国家政策认可的转变，农村资金互助组织也由一个小村庄复制到大江南北。

据统计，在全国超过190万家农民专业合作社中，有近5万家开展了资金互助业务，但发展的好坏难以区分，良莠不齐，究其原因，全国没有一个统一的管理规范。

一是资金互助有政策支撑，但没有具体的实施标准和法律规定。二是在具体操作层面鼓励先行尝试，全国也有很多地方先行尝试。但没有统一的操作规范。为此，管理规范层面应从以下几个方面进一步完善。

一、指标体系

农村资金互助组织的指标体系建设包括监管指标和本身健康发展所需要的指标体系。

二、征信体系

农村资金互助组织具备信息对称优势，但还需要对接征信系统，尤其是小微企业和农户群体，如果通过农村资金互助实现了与征信系统的对接，则有利于其获得金融服务，提高经济活力和创新能力。

三、支付体系

农村资金互助的支付体系建设，支付和结算是金融体系的重要功能，服务农村，需要强大的网点覆盖，完善农村资金互助组织的支付体系，可以实现科技金融服务支撑，可以为社员提供更加便捷的服务。支付体系的完善，还具备降低成本、提高社员参与率、扩展普惠面等作用。

四、协调沟通体系

农村资金互助的协调沟通体系建设，宜以供销社为主导，加强与地方金融监管、农业、财政等部门协调沟通，构建“业态共振、多方参与”的为农服务平台。

五、信息化体系

农村资金互助深耕农村市场，有丰富的为农服务实践，为农服务的信息化体系建设，可以以供销社的“三位一体”建设为方向，通过合作、自建等方式建立当地为农服务的数据信息库平台，资源共享，信息共享，提高为农服务的信息化水平。

第三节 创新发展可聚焦新合作金融时代

发展新型农村合作金融组织，推动农民与农民、农民与市场、农民与政府关系的调整。金融是核心，金融活，满盘皆活。2014年中央明确提出了发展新型农村合作金融组织的改革要求，迎接新合作金融时代的到来。习近平总书记指出："农村金融问题仍然是个老大难问题，解决这个问题要在顶层体制机制上下工夫，鼓励开展农民合作金融试点，推动顶层设计与基层探索良性互动、有机结合起来，构建适应农业农村发展新金融体系。"①

2019年，中国人民银行、银保监会、中国证券监督管理委员会、财政部、农业农村部联合印发的《关于金融服务乡村振兴的指导意见》指出：探索新型农村合作金融发展的有效途径，稳妥开展农民合作社内部信用合作试点。

新型农村合作金融将是未来"三农"领域金融服务创新的主战场，从近年来农村合作金融发展的历程来看，体现出如下特征。

一是合作制下的农村信用社体系历经多次改革，现已分化为农村信用社、农村合作银行、农村商业银行三大经营主体，后两个主体和相当一部分农村信用社均已改制为股份制企业，逐步淡化了农村合作金融的主体

① "在中央农村工作会议上的讲话"（2013年12月23日），《十八大以来重要文献选编》（上），中央文献出版社2014年版，第679-680页。

特性。

二是自2004年以来，国家允许新建村镇银行和小额贷款公司。这两类新兴的农村金融机构都没有采用合作制。近年来，有些农村金融机构发展得不是太好，有些已经偏离为农服务方向。

三是自1995年以来，联合国等机构支持中国建立一大批合作制的扶贫小额信贷机构，这类组织大都以社团注册。历经多年的大浪淘沙，只有屈指可数的几个组织还在从事农村合作金融事业。

四是自2000年以来，国务院扶贫开发领导小组办公室、银监会、供销社等机构在农村兴办了各种形式的信用合作。

在以上四类农村金融主体中，第三类和第四类主要采取的是信用合作制，其中第四类组织设在合作社内部，是村民自愿组合的信用合作组织。由于扎根当地，利用社会资源网络能够方便获取借款者的信息，可大幅减少借款和监督成本，在解决银行与借款农户间信息不对称的顽疾上，有着其他金融主体不可替代的优势。但与此同时，这类信用合作组织又容易陷入“一管就死，一放就乱，小了没有人关注，大了就出问题，容易偏离为农服务宗旨”的怪圈。

如何跳出怪圈，进一步创新发展？任重而道远。

第四节　资金互助的黄山模式探索永远在路上

黄山供销农村资金互助风雨兼程一路走来，基本实现了“社员利益可享、市场风险可控、服务产品可行、政策规定可办、企业运营可持续”五大预期目标。“行百里者半九十”，探索供销信用合作发展新路径，完善农村资金互助黄山模式，依然在路上。

一是坚持为农服务方向不动摇。资金互助永远在探索的路上，要不断地发展、不断地优化，但今后不管如何发展、如何优化，为农服务是根本方向，绝不能动摇，资金互助作为农村金融服务的有益补充，必须不断强化为农服务功能，这是农村资金互助存在的基础。

二是坚持“三位一体”融合发展不动摇。在供销社平台，资金互助作为供销社社有资本的一个重要补充，成为激发生产动力和流通活力的重要桥梁和支撑，要贯穿“三位一体”始终，并不断深入探索“三位一体”融合发展新路径。黄山市供销社先试先行，始终围绕“哑铃”结构路线图，通过资本的引导作用、纽带作用和引擎作用，充分发挥供销社生产、供销、信用的职能，做到了“三位”真正融合、“一体”真正体现。但同时也应意识到，其融合水平还不够高，基础还不够牢，今后要继续努力，要把资金互助这个主抓手做稳，把农业生产规模做大，把供销流通做活，让黄山供销实现更好地发展。

三是坚持黄山模式不断优化升级。任何企业的发展，都要经过“跌宕起伏阶段”到“完善成熟提升阶段”的锤炼，需要树立不断优化升级的战略定位，通过优化升级，确保业务、科技水平、管理团队等方面不断升级。业务方面，为农服务的产品体系创新、风险防控等不断加强；科技方面，优质服务的不断提升和为农服务的科技手段引入等不断加强；管理团队方面，为农服务的人才培养、合作交流、理论研究促进实践探索等方面不断提升。

资金互助“黄山模式”的优化升级，永远在路上。

附　件

附件1

黄山市组建供销农副产品专业合作社开展信用合作社（资金互助）实施方案

为贯彻落实党的十八届三中全会和《中共中央关于全面深化农村改革加快推进农业现代化的若干意见》（中发〔2014〕1号）、《国务院办公厅关于金融服务“三农”发展的若干意见》（国办发〔2014〕17号）、《安徽省人民政府关于金融服务“三农”和实体经济发展的意见》（皖政〔2014〕50号）精神，健全农民金融需求的新型合作金融服务体系，借鉴先进地区经验，结合我市农村实际，现就以供销社牵头组建市、县（区）二级供销农副产品专业合作社开展信用合作（资金互助）工作，提出如下实施方案：

一、总体要求

坚持市场化导向，突出服务性；坚持企业化管理，突出安全性；坚持供销社主导，突出合作性。

二、基本思路

（一）由市供销社作为主发起人，成立市供销农副产品专业合作社，内设资金互助部。吸纳农民、社有企业和从事与农民专业合作社业务直接有关的生产经营活动的企业、事业单位或者社会团体为合作社成员，在成员之间开展信用合作（资金互助）业务。同时，积极稳妥慎重推进县（区）供销农副产品专业合作社开展信用合作（资金互助），做到“成熟一个、设立一个”。

（二）市与县（区）供销农副产品专业合作社均为独立的市场主体，不相隶属，但相互之间可以参股经营。为强化管理、增强化解金融风险能力，市供销农副产品专业合作社可以对县（区）供销农副产品专业合作社实施控股，建立更紧密的产权联系。在条件成熟时成立黄山市供销农副产品专业合作社联合社。

（三）各级农委依据《中华人民共和国农民专业合作社法》和《安徽省实施〈中华人民共和国农民专业合作社法〉办法》对组建本级供销农副产品专业合作社开展信用合作（资金互助）业务进行前置审批，工商部门按登记要求进行工商登记。

（四）各级金融办按照监管规则和要求，应对供销农副产品专业合作社开展信用合作业务承担起监管责任，防范金融风险。农委要加强政策和业务等方面的指导、协调、服务。

（五）在实际运营中应坚持“社员制”“封闭性”“区域性”“安全性”四个原则。

（六）在有条件的村综合服务中心设立资金互助业务室，推行“一次核实，随用随贷，余额控制，周转使用，动态调整”的农户信用互助模式。

三、注册资金

（一）资金规模

1.市供销农副产品专业合作社信用合作（资金互助）注册资金规模：5 000万~1亿元；

2.县（区）供销农副产品专业合作社信用合作（资金互助）注册资金规模：500万~1 000万元。

（二）资金来源

1.供销社系统企业投资；

2.农业产业化龙头企业投资；

3.农民投资入股；

4.争取省及省以上供销社系统企业投资；

5.市、县（区）政府投入等。

四、配套政策

（一）为体现政府扶持，调动社有企业、农业产业化龙头企业参与积极性，对农村信用合作（资金互助）所产生的营业税、所得税，税务部门全额征收，同级财政所得前三年全额返还，三年后减半返还。

（二）各级财政部门要整合各类资金，对组建供销农副产品专业合作社开展信用合作（资金互助）给予适当支持。根据专业合作社成立及运营情况，相关财税扶持措施市政府另行研究。

五、保障机制

组建供销农副产品专业合作社开展信用合作（资金互助）工作意义重大，各县（区）政府要加强领导、统筹推进，有关部门要给予积极支持。县（区）政府要成立由政府分管领导牵头的领导小组。金融办、人行、银监、农委、财政、工商等部门要给予供销农副产品专业合作社开展信用合作（资金互助）必要的业务指导和从业人员培训，抓紧出台资金互助业务监管办法，规范运作流程，控制经营风险，促进专业合作社可持续发展。

附件2

黄山市供销农副产品专业合作社资金互助业务监管暂行办法

第一章 总 则

第一条 为加强对全市供销农副产品专业合作社资金互助业务的监管，规范其经营行为，防范和化解地方金融风险，根据2014年市政府《第十八次常务会议纪要》（第10号）和市政府办公厅《关于印发〈黄山市组建供销农副产品专业合作社开展信用合作（资金互助）实施方案〉的通知》（黄政办秘[2014]45号）精神，结合监管工作需要和黄山市实际，制定本办法。

第二条 本办法所指供销农副产品专业合作社，是指经市或区（县）政府常务会议审议通过，并经农业行政管理部门批准且依法办理工商登记手续的企业法人组织。其中：市供销社为举办责任主体，负责牵头组建和日常管理工作；市农委为行政责任主体，负责合作社前置审批和政策、业务等方面的指导、协调、服务；市工商局为登记责任主体，负责合作社登记管理工作；市金融办为资金互助业务监管责任主体，负责合作社资金互助业务监管工作，市人行、银监、公安等部门协同做好全市供销农副产品专业合作社资金互助业务的监督管理、风险防范和预警处置。

第三条 坚持属地监管原则。各区（县）人民政府是所在区（县）供销农副产品专业合作社日常监督管理、风险防范处置的第一责任人。区

（县）金融办是供销农副产品专业合作社资金互助业务的县级监管部门，承担日常监管职能。各级监管部门要采取多种方式，督促供销农副产品专业合作社加强对各类风险的防控，包括信用风险、操作风险、法律风险、声誉风险、社会风险等。

第二章　监管制度

第四条　建立和实施现场和非现场监管相结合制度。市及区（县）监管部门应定期或不定期开展现场和非现场监管。开展现场监管检查时，检查人员不得少于2人，并向被检查单位出示工作证件。被检查单位及其相关工作人员应自觉接受检查并予以支持配合。

第五条　建立和实施供销农副产品专业合作社资金互助监管员制度。市及区（县）监管部门应至少确定1名监管员负责日常监督管理工作。主要职责包括：

1.收集运营信息资料；

2.掌握其设立、变更、终止信息动态；

3.掌握发起人及从业人员变更情况；

4.对违法违规行为及时发现、报告和制止；

5.向供销农副产品专业合作社通报监管信息及相关文件规定；

6.督促供销农副产品专业合作社采取有效措施，落实监管意见；

7.按要求向市级监管部门报送辖内供销农副产品专业合作社的运行情况。

第六条　建立和实施社会监督举报制度。由市及各区（县）监管部门公开社会监督举报方式和相关信息。供销农副产品专业合作社应将法人证书、监督电话及监管员名单悬挂在经营场所明显位置，接受社会各界监督。

第七条　建立和实施供销农副产品专业合作社托管银行合作制度。供销农副产品专业合作社按照自愿、平等、互利、守信的原则，选择1家银行业金融机构作为其托管银行，开设结算账户，并签订资金托管协议。合作社向社员吸纳和投放资金以及占用费结算均应当通过托管银行账户结算。

托管银行应在法律允许范围内，向供销农副产品专业合作社监管部门提供相应信息，协助监管部门对合作社的专户资金往来、结算进行监管，承担托管银行的相关责任，积极配合监管部门做好检查和审计工作，提出防范和化解风险的措施和建议。

第八条 建立和实施监管信息采集和报送制度。区（县）监管部门要全面掌握辖内供销农副产品专业合作社运行和风险状况的动态信息，督促指导合作社及时完整、真实地向监管部门报送需要的数据和非数据信息，并按月向市监管部门报送相关资料。

供销农副产品专业合作社应按月向登记所在地区县农业、供销、金融办等部门报送相关财务报表数据；按月将互助资金使用情况向社员列表公布。

第九条 建立和实施重大事项报告制度。区（县）监管部门要及时向属地政府和上级监管部门报告以下重大事项：

1.非法吸储行为。发生吸收或变相吸收公众存款行为。

2.账外经营行为。发生账外吸纳社员入会资金、互助金，账外发放互助金，账外收入互助金占用费等账外经营行为。

3.高利经营行为。违反供销农副产品专业合作社互助金占用费率相关规定，发生向社员收取高额互助金占用费，或向社员收取手续费、咨询费等行为。

4.财务弄虚作假行为。发生不按实际经营情况填制凭证、登记账簿、编制财务会计报告的行为。

5.以不法手段回收互助金的行为。违反合同约定或相关法律法规规定，发生利用不法手段进行恶意回收互助金或暴力追偿行为。

第十条 建立和实施供销农副产品专业合作社法人、从业人员备案制度。市及区（县）监管部门应对辖内供销农副产品专业合作社法人、从业人员进行登记管理。

第十一条 建立和实施定期审计稽查工作制度。供销农副产品专业合作社应建立内部审计制度，必要时市及区（县）监管部门可委托中介机构对合作社进行审计。

第十二条 建立和实施约谈制度。市及区（县）监管部门应针对监管中发现的问题及风险隐患，对供销农副产品专业合作社经营班子成员进行约谈，必要时可扩大至从业人员。

第十三条 建立和实施风险预警制度。市及区（县）监管部门发现供销农副产品专业合作社存在违规经营、内控管理缺陷或经营异常等现象时，应及时进行风险提示与预警。合作社经营人员发现风险隐患时，应主动向属地政府金融监管部门报告。

第三章 监管内容

第十四条 供销农副产品专业合作社资金互助股金分两种：原始股、普通股。

原始股是指符合专业合作社章程，并入股原始股金的专业合作社社员（包括自然人、企事业单位和社会团体）所持有的股份。原始股入社资金必须是自有资金，以货币出资，不得以实物、贷款或吸收境外资金等其他方式入社，但可接受社会捐赠和政府财政补贴等其他资金。

普通股社员是指承认专业合作社章程并愿意接受管理，自愿入社的自然人、企事业单位和社会团体。普通社员入股自愿，退股自由，普通社员入社可以零出资，可以办理资金互助业务并享受惠农补贴。

市及区（县）供销社部门在专业合作社筹建过程中，应对社员入社资金的合规性进行审查，如发现会社员以实物、贷款或吸收境外资金等其他方式入社，应责令专业合作社及时予以清退。

市及区（县）监管部门在监管过程中发现社员以实物、贷款或吸收境外资金等其他方式入社的，应以书面形式告知所在地供销部门，由供销部门负责监管合作社及时予以清退。

第十五条 供销农副产品专业合作社吸纳社员入社资金、互助金及发放互助资金，必须严格限制在社员范围内进行，严格禁止向非社员吸纳和投放资金。

普通股单个社员入社资金不得超过专业合作社入社资金总额的20%；比例超过20%的需经同级供销部门同意，报同级农业和地方金融监管部门核准。

第十六条 供销农副产品专业合作社应建立社员花名册，每年定期（6月30日前）根据社员变动情况更新信息，并将社员更新登记情况及时报送同级地方金融监管部门，社员花名册应载明社员的姓名、身份证号码、家庭住址、社员所持入社证书编号等情况。根据新的户籍改革政策统一按居民户口登记备案。

第十七条 供销农副产品专业合作社必须为每个出资社员建立社员账户，按照农村资金互助财务会计制度要求进行记载。主要记载下列内容：

1.该社员的出资额；

2.量化给该社员的公积金份额；

3.该社员存入供销农副产品专业合作社的互助金；

4.该社员借用供销农副产品专业合作社的互助金。

第十八条 供销农副产品专业合作社新增（原始股东）社员、增加资本金等重大事项变动，需经同级供销部门同意，报同级农业和地方金融监管部门核准。合作社理事、总经理等参与管理人员的入社资金，在任职期内不得退出。

第十九条 凡要求退出的原始股东社员应提前3个月提出书面申请，经合作社理事会同意，并报同级农业、供销和地方金融监管部门备案后办理退社手续，其社员资格在完成退社手续后终止。

第二十条 社员在其资格终止前与合作社已订立合同的，应当继续先行履行合同义务；章程另有规定或者社员与合作社另有约定的除外。

第二十一条 社员资格终止的，合作社应当按照章程规定的方式、期限和程序，及时退还该社员的入社资金和积累份额；社员资格终止的当年不享受盈余分配。

第二十二条 供销农副产品专业合作社的信用合作资金仅限于内部社员有偿使用，主要用于解决社员生产经营需要，优先支持本社社员投资创业和发展生产，其中用于农业产业项目不少于70%。在满足社员借用需求后如有富余，可存放银行业金融机构，也可以按规定的程序购买国债和金融债券。不得向非社员吸收和投放资金，不得用本社的资产为非社员和企事业单位及其他组织提供任何形式的经济担保。

第二十三条 供销农副产品专业合作社社员借用信用合作资金应收取资金使用费。对为本社社员投资创业和发展生产服务的小额资金使用收费按照收益覆盖成本、略有盈利的原则由市联合社统一确定。

第二十四条 为有效防止资金风险，信用合作资金的投放应坚持小额、短期的原则，投放期限一般为3~6个月或一个生产周期，一般不超过一年。在风险防范上要参照金融机构的做法，资本充足率不得低于8%，资产损失准备充足率不得低于100%，按照不低于社员缴存互助资金总额的15%提取风险准备金和按规定盈余公积金。资金投放种养业的，其投放对象一般应按国家规定的险种参加保险，以化解和降低投放风险。

单一社员借用资金时，可实行信用借款方式，大额借款要进行抵（质）押担保。

抵（质）押物必须办理抵（质）押登记手续，请各地相关部门参照银行业标准执行。

第二十五条 供销农副产品专业合作社要建立健全资金管理制度，合理制定互助资金发放前审查、发放时审批、发放后检查等审查程序和操作规程。合作社从业人员应严格履行相关职责，确保业务流程各环节的规范性，全面把控互助金发放风险。互助资金发生风险的，合作社相关从业人员应自觉接受监管部门牵头开展的尽职调查。

第二十六条 建立资本充足率监测预警制度，确保资本充足率在任何时点均保持在8%以上。当资本充足率接近预警线时，监管部门应及时进行预警，防止其降到8%以下。

第二十七条 供销农副产品专业合作社要依照《农民专业合作社财务会计制度（试行）》如实编制收益分配方案。收益首先按一定比例提取公积金、公益金及一般准备金（其中：一般准备金提取比例不低于期末互助资金借款余额的1%），然后在社员间进行分配。收益分配应按社员股金和社员积累总额进行分配，不参加信用合作的社员，不享受信用合作所产生的利润分配。

第二十八条 供销农副产品专业合作社应确保拨备充足率始终保持在100%以上。专项准备提取比例为关注类5%、次级类25%、可疑类50%、损失类100%，一般准备按有关规定在利润分配时提取。对不按规定提足拨备的，应责令限期整改；整改不到位的，应停止办理部分或全部业务，直至采取停业整顿措施。

第二十九条 供销农副产品专业合作社在经营过程中，若存在下列情况之一但情节较轻的，监管部门可通过与高管人员进行诫勉谈话、下发整改书等方式，责令其限期改正；存在严重违法违规行为的，由属地人民政府组织有关部门进行查处，登记管理部门根据查处意见依法予以撤销登记，并追究相关负责人责任；构成犯罪的，移交司法机关处理。

1.非法集资、吸收公众存款、高息放贷的；

2.未经审批私自设立或擅自对外经营的；

3.超范围经营业务的；

4.未经审批擅自改变经营场所的；

5.在相关部门行政告诫、警告、责令改正等期限内未纠正违规行为的；

6.拒绝或者阻碍监管部门和有关部门依法监管检查的；

7.不按照要求和规定提供报表、报告等文件、资料的，提供虚假或隐瞒重要事实的报表、报告等文件、资料的；

8.法律、法规、规章禁止的其他行为。

第四章　责任管理

第三十条　市及区（县）农业、供销、地方金融监管等部门接到供销农副产品专业合作社的风险报告后，应加强风险监控，并责成合作社实施风险处置方案，同时根据实际情况，进一步提出具体化解措施和对策，并督促落实。

第三十一条　各级监管部门在处置风险过程中，要按照统一、及时、准确、全面的要求进行调查。对专业合作社引发的风险或违法违规行为，及时报告属地人民政府及市农业、供销、金融办等部门。

第三十二条　监管部门对监督检查中发现的违法违规行为，可直接发放责令整改通知书，并监督合作社抓好整改落实。市监管部门对监督检查中发现的违法违规行为，可直接发放责令整改通知书，并监督合作社抓好整改落实；也可视情向相关区（县）人民政府提交监管建议书，由属地政府负责监督整改事项的落实。

各级监管部门在检查中发现的违法违规行为需要移送有关部门、单位查处的，应及时移送有关部门、单位查处。

第三十三条 各级监管部门要充实监管力量，提升监管人员素质和专业水平。市级监管部门每年组织监管人员进行培训；区（县）监管部门可结合实际开展培训。

第三十四条 各级监管部门要按照监管职责分工要求，细化岗位责任，明确监管纪律；定期组织开展监管评价工作，对职责履行不到位的监管人员，特别是对失职、渎职行为要实行问责。市监管部门要建立监管工作检查考核机制，加强考核评价，并适时对履职不到位的县级监管部门及监管人员进行通报批评。

第五章 附 则

第三十五条 如法律法规对专业合作社的监督管理另有规定的，依照规定执行。

第三十六条 本办法未尽事宜，由市金融办牵头，会同市农委、市工商局、市供销社共同研究决定。

第三十七条 本办法由市金融办负责解释。

第三十八条 本办法自发布之日起施行。

附件3

黄山市供销农副产品专业合作社联合社互助金使用管理办法

（第八版）

目 录

第一章 总 则

第一条 为规范互助金归集和使用管理，促进农村经济协调发展，根据《中华人民共和国农民专业合作社法》和黄山市人民政府办公厅黄政办秘〔2014〕45号文件精神及各区（县）合作社、资金互助部《章程》等有关规定，特制定本办法。

第二条 严格执行国家有关财务制度规定，诚实守信、审慎经营，接受金融办、农委等部门的监督。

第三条 遵循社员制、封闭制、安全性及有偿互助的原则。

第二章　互助金交存和支取

第四条　互助金交存人必须首先取得社员资格。遵循交存自愿、取款自由、为交存人保密的原则。除按法定程序进行司法查询外，合作社不得为任何单位和个人查询社员账户的归集款等情况。

第五条　供销农副产品专业合作社资金互助股金分两种：原始股、普通股。

普通股社员：可以办理资金互助业务并享受惠农补贴，不承担合作社资金互助部的经营风险，不参与合作社资金互助部的盈余分配；在加快推进利率市场化的大背景下，惠农补贴率是参照人民银行存款基准利率，按照成本覆盖原则测算、制定的。

原始股社员：承担经营风险，参与合作社资金互助部的盈余分配。

第六条　社员办理资金互助业务的缴存形式分为活期互助金和定期互助金，定期互助金期限分三个月、六个月、一年、两年、三年等。

第七条　惠农补贴的计算周期

（一）活期互助金惠农补贴结算。按季于每季度的最后一个月的21日批量结算，社员随时拿互助金证到柜面做补登。

（二）定期互助金惠农补贴结算。与定期互助金支取、转存同时结算。

第八条　互助金支取、代理支取、密码修改

（一）互助金支取

包括活期互助金支取和定期互助金提前支取、到期支取和逾期支取。

1. 正常支取。支取互助金须凭密码、互助金证或互助金定期存单到柜面办理支取或转期手续。

2. 提前支取。未到期的定期互助金因缴存人确因特殊情况需提前支取全部或部分缴款的，由本人凭互助金定期存单及相关身份证件到柜面办

理。支取部分（或全部）的金额按支取当日我社互助金归集的活期惠农补贴率计付惠农补贴，定期存单余额到期后，仍按存入时约定的惠农补贴标准计付。每张互助金定期存单的提前支取不得超过2次。

3．逾期支取。互助金定期存单到期后，未按时办理支取或转期手续的，实行自动转期，转期后的惠农补贴率按此次到期日次日的标准执行；转期后未到转存期限而需支取的参照我社当期互助金归集的活期惠农补贴率计付惠农补贴。

（二）代理支取

活期互助金代理支取凭密码、互助金证到柜面办理。

互助金定期存单提前支取必须由本人带身份证办理，不得代理。互助金定期存单到期支取若因特殊情况须由其他人代理支取或转期时，取款人须持互助金证和双方的身份证前来柜面办理，并在定期存单背面签上取款人的姓名、身份证号及日期。

（三）密码修改

修改密码业务必须本人带身份证办理，不得代理。修改前须填写密码修改申请书一式两联，第一联我社归档保管，第二联社员留存。

第九条　互助金证、互助金定期存单的挂失、查询和过户

（一）互助金证、互助金定期存单遗失时，须由本人立即持身份证明，到缴款的资金互助部柜面书面申请挂失手续，填写挂失申请表；可先口头、电话挂失，有效期7天。由受理窗口柜员凭相应手续做财务管理软件系统的登记和维护，并补发相应单、证。挂失人填写的挂失书面申请表一式三联，第一联我社归档保管，第二联作传票附件，第三联社员留存。挂失7天后，将第二联放在取款传票后作附件。

（二）互助金的所有权因特殊情况需发生变更，涉及过户时，由柜面依据互助金所有权证明或具有法律效力的有关资料办理过户手续。流程参

照“收存流程”办理。

第三章　互助金使用

第十条　借款原则。互助资金借款坚持互助互济、有偿使用，只借社员、不借他人，经营专用、禁挪他用，用款申请、有效担保、相互制约，有借有还、滚动发展，公开公正、安全高效的原则。互助金借款的使用必须遵循属地原则。

第十一条　互助资金的使用是指对社员的借款，资金使用费具体按照资金互助部有关规定执行。

第十二条　借款程序

（一）借款申请。借款人在经营过程中需要互助资金，可以提前三天向专业合作社资金互助部提出申请；申请须社员签名，注明借款人基本信息、发展项目名称、规模、借款数额、项目实施条件及措施、项目已实施的现状、还款时间（按照经营过程中的需要，制定借款时间和期限，借款期限最长为一年）、还款保证等。

（二）借款调查。互助金借款借前调查必须遵循双人调查、实地查看和真实反映的原则。

调查期间，调查人在填写互助金借款借前调查表时，应根据表格内容尽量如实填写齐全并签字，手写或机打均可。

除了借前调查表外，所有的借款业务均必须出具一份借前调查报告（文字版），该报告可根据具体业务情况决定报告的繁简程度，情况复杂的业务则必须在借前调查表的基础上增加一份详细的借前调查报告。

第一调查人和第二调查人均需在借前调查表、借前调查报告上签字。

资金互助部客户经理对借款申请人的下列事项进行调查审查：

1.社员资格、借款人信用状况审核；

2. 以前借款是否还清，有无其他借款余额；

3. 所借资金是否用于发展生产性项目和消费性支出，包括种植业、养殖业、农副产品加工和涉农产业等短、平、快项目等；

4. 对所借资金投资项目进行审查和实地察看，审查经营项目进展情况和发展前景，项目必须要完成固定资产投资并已投产；

5. 是否有符合条件的社员推荐人提供保证担保（或以其入资额度提供质押担保）；

6. 是否有符合抵押条件的不动产和可以质押的有价证券；

7. 担保措施是否完全覆盖借款本金和使用费。

（三）借款审批。客户经理在完成前期调查后提出发放意见，填写《互助金借款业务申报审批表》，按审批级别报审批小组审批。该表的审批应符合公司相关审批制度的规定。各区（县）社权限范围内的借款经相关权利人在《互助金借款业务申报审批表》签字后发放，超权限范围的互助金借款按文件规定流程操作，即资金管委会审批同意后签字（加盖公章）上报市联合社审批。审批时要注意执行回避制度。

（四）资金互助管理委员会或市联社审批同意后，交由客户经理填制借款合同及相关凭证，根据借款人的用款计划发放借款。借款发放前，客户经理填写《互助金借款发放通知单》并经业务部门经理复核后由负责人（总经理）审批，然后柜面人员进行发放。相关责任人应确保互助金借款发放前所有的工作都已完成，如续借业务，原借款是否已归还等。

第十三条 申请互助资金的额度。社员申请互助资金的额度实行资本约束比例控制原则。

第十四条 借后管理。客户经理对社员借款后实行现场和非现场的检查，并形成借后检查报告，直至回收。一旦发现借款者将资金挪作他用，将及时予以制止，并马上采取措施提前收回借款。同时下调该社员的资信等级。

（一）借款发放后15天内进行首次借后跟踪检查，填写借后管理检查表，根据实际情况适时调整借后检查频率。对于大额借款，责任人要加大借后检查频率和力度。借后检查主要包括以下几点：

1.了解借款人和担保人的经营状况和财务状况，并收集财务报表资料进行分析；

2.收集借款人和担保人的银行账户信息，查看资金流水，对借款人和担保人的现金流进行持续跟踪分析；

3.对抵（质）押物进行跟踪检查，评估其是否有减值的风险；

4.对确实出现风险预警的借款客户要给予特别关注，必要时增加检查次数，采取提前收回借款等有效措施防范借款风险。

（二）按季进行五级分类。将分类详细情况通知财务作为计提呆账准备的依据。

第十五条　借款归还。互助金借款实行按日计算资金使用费，按月收取。

如果资金回笼快，可以提前归还，但使用费率按合同约定执行；对经营周期长，项目效益好，借款人信用记录良好的借款项目，如借款人到期因经营确实出现暂时资金周转困难的，经借款人申请，通过资金互助管理委员会审核、批准可以办理借款展期业务，但最多只能展期一次；展期的期限可以根据具体情况确定，但最多不能超过原借款期限的一半。借款到期未还的，最高可按一年期贷款市场报价利率4倍与该借款合同签订的资金使用费率之差加收违约费，并积极研究和分析逾期互助金借款产生的原因，必要时启动司法收款程序，由此产生的所有损失和费用由该借款社员承担。

第十六条　建立个人信用档案。有良好信用记录的，合作社可适当增加其借款信用额度；有不良信用记录的，合作社给予警告并适当降低借款信用额度直至取消社员资格。

第四章 风险防范

第十七条 风险防范

（一）资金封闭运行原则。

1. 资金互助部的资金全部用于发放社员互助借款，不得以谋取存款利息收入为目的而滞留在专户；满足社员借款需求后确有富余的可存放银行业金融机构，也可购买国债、金融债券以及其他保值增值理财产品；

2. 资金互助部不得向非社员发放借款及办理其他金融业务。

（二）公开监督原则。互助资金在操作运行、日常管理中进行阳光操作，定期公开公示，接受资金互助部管委会和全体社员的监督，并接受监管部门的监管。

（三）借款总量控制原则。同期借款户数不得超过社员数的49%，同期借款总额不得超过资金总额的80%，所有原始股东借款累计不得超过资本净额的25%。对单一社员的借款总额不得超过资金总额的15%；对单一非自然人社员及其关联社员、单一自然人社员及其在同一户口簿上的其他社员借款总额不得超过资金总额的20%。上述借款总量控制原则如有突破，则须通过《互助金借款特殊情况核准申请表》报市联合社批准。

（四）资金追缴措施。社员到期借款未还的，视具体情况互助部将依法进行追讨，由此产生的一切费用及后果由借款人承担：

1.公开该社员的欠款事项；

2.由保证人负责归还借款或保全抵押、质押资产；

3.争取村委会向村民发放集体资金及国家补助资金时，将该社员的资金直接划入互助部，抵偿其借款；

4.依法提出民事诉讼，追回借款。

第五章　附　则

第十八条　本办法由黄山市供销农副产品专业合作社联合社负责解释与修订。本办法未尽事项，按照黄山市供销农副产品专业合作社联合社现有规定执行。本办法自发布之日起施行。

附件4

黄山市供销农村信用体系建设评定管理实施细则

第一章　总　则

第一条　为了密切联系社员，更好地服务“三农”，倡导和谐社会氛围，营造良好的地方信用环境，根据黄山市创建供销农村信用体系建设实际，特制定本细则。

第二条　信用户、信用村、信用乡镇评定（以下简称“信用评定”）是指以诚实守信、按期偿还债务为核心，按照统一的评定标准，对本市辖内社员（含个体工商户等，下同）、行政村和乡镇的信用状况进行综合评定。

第二章　组织机构及职责

第三条　“信用户”评定小组。“信用户”评定小组以行政村为单位建立，由区（县）供销农副产品专业合作社负责人和网点负责人、包干片业务员、村“两委”负责人等人员组成（人数不得少于3人），负责对社员信用等级评定的基础工作。

第四条　“信用村”初评小组。“信用村”初评小组以乡镇为单位建立，由当地乡镇政府分管信用建设领导、区（县）社负责人和网点负责人、包干片业务员、村“两委”会成员等人员组成。负责对“信用村”申报工作的初步审查、测评工作。

第五条 “信用村、乡镇”评审委员会。“信用村、乡镇”评审委员会由市供销农副产品专业合作社联合社分管领导任组长，区（县）供销农副产品专业合作社负责人等相关人员组成，主要负责“信用村、乡镇”的初审、复审、综合评定、确认和年检工作。

第六条 市供销农副产品专业合作社联合社成立“黄山市供销农村信用体系建设试点工作领导小组”，主要负责信用建设具体工作的协调、推动、落实工作，最终确定“信用村、乡镇”，并统一公布。

第三章 信用户评定对象、条件、标准和程序

第七条 信用户评定是指根据社员道德品质、信用记录、经营状况、经济实力、偿还能力等方面对其进行综合测评的行为，信用户实行户主制管理。

第八条 信用户评定对象

（一）已发生借款业务和已为他人担保的社员。

（二）有借款需求或有借款需求意向的社员。

第九条 申请信用户评定的社员应具备的基本条件

（一）区（县）供销农副产品专业合作社服务区域内。

（二）具有完全民事行为能力。

（三）遵纪守法，无不良欠贷欠借欠息和其他违约记录，不无故拖欠其他款项，信誉度高及无赌博、吸毒等其他不良行为。

（四）经营项目符合国家产业政策、发展前景好，经营的自有资金达到规定比例，坚持依法合规经营，勤劳致富。

（五）在区（县）供销农副产品专业合作社资金互助部或乡镇资金互助业务室开立账户。

（六）关心和支持区（县）供销农副产品专业合作社资金互助部或乡镇资金互助业务室工作。

第十条 信用户评定采取百分制评定形式。根据社员信用总体情况、综合素质、信用环境三个方面指标计算分值，确定其信用户等级。其中：信用总体情况70分（个人信用30、担保信用30、诚信守约20）、综合素质25分（邻里关系2、家庭关系2、股东关系2、遵纪守法3、经营能力7、家庭资产7、金融活动2）、信用环境5分。

第十一条 信用评定等级标准。依据信用评定指标和得分情况确定等级，优秀户：综合得分86分（含）以上，其中：农户信用总体得分在62分（含）以上，其他分值24分（含）以上；良好户：综合得分79分（含）以上，其中：农户信用总体得分在58分（含）以上，其他分值在21分（含）以上；一般户：综合得分65分（含）以上，其中：农户信用总体得分在51分（含）以上，其他分值14分（含）以上；较差户：综合得分64分以下。

第十二条 对评为良好（含）以上的信用户，方可根据社员（或大额自然人）授信标准对其进行授信。

第十三条 社员信用评定程序

（一）社员信用评定可采用普测评定和年中评定方式进行。

1.普测评定。普测评定采用汇总表方式评定。各包干片业务员于年初调查掌握需信用评定社员基本情况，逐户建立《社员信用等级评定表》〔客户（个人）基本信息表的内容可协同村会计建立完善〕，根据《社员信用等级评定表》的评分项目逐项打分初评分值，并在《社员信用等级评定表》的“业务员初审得分”栏内汇总分值及在“初审业务员签字”栏内签字后，按村登记《社员信用评定、公议授信汇总表》，以行政村为单位组织召开由信用户评定小组成员参加的信用等级评定会议。由业务员按评定内容、分值标准逐项进行介绍，村“两委”会成员或村民代表根据介绍内容进行审核和打分，确定该户的总分值和信用等级。根据信用户评定小组评定的结果，经县供销农村信用体系建设工作组逐项审核打分并确定信用等级（不得高于信用户评定小组评定的信用等级）。社员信用评定结束后，村“两委”会成员或村民代表及县供销农村信用体系建设工作组成员应在《社员信用评定、公议授信汇总表》中相应栏内签字。并由初审业务员根据县供销农村信用体系建设工作组评定结果在《社员信用等级评定表》的“等级评定情况”相应栏内汇总县供销农村信用体系建设工作组评定的分值、信用等级及评定日期。

对无联系村的（包括城镇居民、其他自然人）及授信需在20万元（含）以下的社员，以业务员包干片为单位建立《社员信用评定、公议授信汇总表》，经业务员相应程序初评后直接由县供销农村信用体系建设工作组评定。

2.年中评定。年中有新增或调整信用评定的社员，由所在机构直接评定，评定等级有效期至下一统一普测评定止。

对新增和调整信用评定的社员，包干片业务员经调查收集相关信息后，建立《社员信用等级评定表》，根据《社员信用等级评定表》的评分项目逐项打分，并在《社员信用等级评定表》的“业务员初审得分”栏内汇总分值及在“初审业务员签字”栏内签字，经县供销农村信用体系建设工作组逐项审查打分并确定信用等级后，由初审业务员在《社员信用等级评定表》的“等级评定情况”相应栏内汇总县供销农村信用体系建设工作组评定的分值、信用等级及评定日期。评定结束后，县供销农村信用体系建设工作组成员应在《社员信用等级评定表》“县供销农村信用体系建设工作组成员签字”栏中签字。

（二）《社员信用等级评定表》归入借款基础档案管理，移交、保管手续按照《黄山市供销农副产品专业合作社联合社档案管理办法（试行）》办理。包干片业务员要以行政村为单位，并按信用等级分类建立信用户管理台账。

第四章 信用村评定条件和程序

第十四条 信用村评定要在信用户评定的基础上进行，以行政村为单位，按照“先申报，后评定”的原则，评分采取百分制计分方式进行。其中：资信状况30分，资信等级30分，村级班子建设10分，村级财务状况10分，协作关系10分，规划措施10分。

第十五条 信用村评定条件

（一）有健全的村级财务管理制度。

（二）辖内的不良借款占比在1%以下。村级经济组织借款近两年无不良欠借欠息记录，无不良纠纷记录。

（三）辖内借款户中守信用户在90%以上。

（四）村委会积极支持和配合区（县）供销农副产品专业合作社资金互助部或乡镇资金互助业务室开展各项借款调查、社员授信、风险防范、不良借款清收、资产保全和资金组织等工作，并积极创建信用联络站和社员借款“公议授信小组”。

（五）创建宣传富有成效，辖内村民基本了解信用村创建的目的和意义，了解借款程序和手续，掌握信用村创建条件和政策，信用意识较强。

（六）村委会班子团结、工作能力较强，能为村民办实事，在群众中威信较高。

第十六条 信用村评定程序

（一）符合评定条件的行政村村委会向“信用村”初评小组提出书面申请，并填制《信用村评定申报表》。

（二）“信用村”初评小组收到申报表后，会同区（县）供销农副产品专业合作社资金互助部或乡镇资金互助业务室对照评定条件，及时对申报情况进行初审、测评计分，填制《创建信用村测评表》。经区（县）供销农副产品专业合作社资金互助部或乡镇资金互助业务室审核后，对经初审、测评得分在90分（含）以上的，在征求辖属乡镇意见后，将有关申报材料报市联合社。

（三）市联合社组织人员对申报情况进行调查后，“信用村、乡镇”评审委员会根据调查情况和《信用村测评表》进行复审和综合评定。

（四）“黄山市供销农村信用体系建设试点工作领导小组”对申报情况作出复评和综合评定，对经复评、评定得分在90分（含）以上的，确定为“信用村”，由黄山市供销农村信用体系建设试点工作领导小组统一授牌、公布。

第五章　信用乡镇评定条件和程序

第十七条　信用乡镇评定条件

信用乡镇的评定，要在信用村评定的基础上进行。其评定条件：

（一）辖内“信用村”占乡镇村总数的50%（含）以上；

（二）辖内行政村村有企业均为社员并在区（县）社供销农副产品专业合作社资金互助部或乡镇资金互助业务室开立账户；

（三）辖内不良借款率在1%（含）以内；辖内守信用借款户达95%（含）以上；

（四）党政班子创建宣传工作到位，努力营造信用环境，积极支持区（县）社供销农副产品专业合作社资金互助部或乡镇资金互助业务室工作，且配合开展不良借款清收、资产保全和资金组织等工作；

（五）党政班子成员工作能力强，群众威信高，具有开拓创新意识，能带领群众发展生产奔小康。

第十八条 信用乡镇评定程序

（一）符合评定条件的信用乡镇提出书面申请，并填制《信用乡镇评定申报表》一并交区（县）社供销农副产品专业合作社资金互助部。区（县）社向市联合社推荐，经“黄山市供销农村信用体系建设试点工作领导小组”评审认定。

（二）确定评为信用乡镇的，由乡镇政府与市联合社签订《创建“信用村、乡镇”协议》，并由“黄山市供销农村信用体系建设试点工作领导小组”授予“信用乡镇”牌匾。

第六章 信用村、乡镇应享受的政策

第十九条 评为信用村或信用乡镇的，所辖客户可享受一定的优惠政策。

（一）借款优先。在资金来源许可的情况下，辖内村级经济组织、企业、社员（个体工商户）的借款优先。

（二）借款费率优惠。辖内的村级经济组织、企业、社员（个体工商户）的借款费率可享受市联合社现行同等执行费率下浮10%的优惠（执行费率定价政策的除外）。

（三）信用借款。社员（个体工商户）根据自身信用评定等级和授信额度可获得一定额度的信用借款。

（四）借款手续简便。经营项目符合国家产业政策，自有资金达到规定比例，在授信有效期间内，且有资金需求，凭借款证及身份证可随时到所在区（县）社供销农副产品专业合作社资金互助部或乡镇资金互助业务室借款。对授信为信用借款的，可直接到区（县）社供销农副产品专业合作社资金互助部或乡镇资金互助业务室网点办理信用借款，不需提供担保。

第七章 信用村、乡镇的义务

第二十条 信用村、乡镇的义务

（一）严格遵守农村合作金融方针、政策、制度，自觉维护市联合社的合法权益，自觉接受市联合社的信用监督。

（二）创建工作领导小组每年至少组织开展一次村民信用观念宣传教育活动，积极协助市联合社开展资金组织、借前调查、借后检查以及到期借款的催收工作。

（三）教育和引导辖内借款户恪守信用，实事求是地提出合理的借款需求，严格履行合同，按约按期归还到期借款本息。

第八章 监督与管理

第二十一条 对“信用户、信用村、乡镇”实行动态监督和管理。

（一）每两年开展一次社员信用等级评定，经评定原资信状况未发生变化的，继续保留信用户资格；信用户信誉程度等内容发生变化的，视具体情况调整信用户等级；对不符合条件、无任何正当理由不能按期归还借款以及随意变更借款用途等问题的，取消其信用借款授信和信用户资格。

（二）每年组织对信用村、信用乡镇进行复审。

经评审不符合要求，或发生以下情况的，由区（县）社提出限期整改意见限期整改到位。

1.取消区（县）社开立账户的；

2.辖内社员客户发生借名、冒名等违规行为的；

3.辖内社员客户向区（县）社提供虚假资料或以虚构借款用途等手段骗取借款的；

4.领导班子不团结，影响市联合社工作开展的；

5.辖内有严重违反借款业务政策制度规定或损害市联合社利益的其他行为。

信用村、乡镇在期限内未整改到位的，由区（县）社报黄山市供销农村信用体系建设领导小组审定取消资格。被取消资格的，从资格取消之日起一年内不得重新参加“信用村、乡镇”申报评定；对有弄虚作假行为的，将按有关规定给予相应的制裁。

第九章　附　则

第二十二条　“信用村、乡镇”创建工作要遵循“坚持条件，实事求是，注重实效，稳步推进”的原则，并应在规定的时间内进行。调查测评既要细又要实，坚决杜绝弄虚作假行为。

第二十三条　本细则由市联合社负责解释和修订。

附件5

供销农村信用体系建设管理实施细则

一、指导思想和原则

（一）指导思想

认真学习贯彻党的十九大精神，以习近平新时代中国特色社会主义思想为指导，积极落实各级党委、政府有关农村金融服务政策，加快推进供销社综合改革，扎实推动我区/县供销农村信用体系建设工作。坚持“供销主导、服务“三农”、多方合作、稳步推进”的原则，开展信用户、信用村创建活动，增强信用意识，营造“守信光荣、失信可耻”的良好社会氛围，逐步解决农村融资难，无担保、无抵押物不能借款问题，真正解决农村金融服务“最后一公里”问题，改善农村地区的信用环境，促进资金互助工作持续、协调、稳健发展。

（二）原则

推进供销农村信用体系建设，要坚持与资金互助业务发展相关原则，对信用村和信用户的评定，不片面追求数量，要力求精准、实事求是、注重实效，要加大基于信用体系建设的金融产品和服务方式的创新。

二、工作目标

（一）通过开展供销农村信用体系建设活动，营造社会重信用、人人守信用、事事看信用的良好信用环境。

（二）通过开展供销农村信用体系建设活动，打通供销农村资金互助服务农村金融“最后--公里”。

三、组织领导

（一）成立区/县供销农村信用体系建设工作领导小组。由区/县供销社主要负责人任组长，相关人员为成员，具体负责实施供销农村信用体系建设工作。

（二）成立村级供销农村信用体系建设评审小组。由村“两委”主要负责人任组长，村、组相关人员为成员，负责做好农户信用信息采集、更新，对农户开展诚信宣传教育，对农户申请信用户进行初审，对已授信用户进行跟踪监督管理。

四、定义和基本条件

（一）信用户的定义

简单的说，信用户就是讲信用、守信用的农户。根据社员道德品质、信用记录、经营状况、经济实力、偿还能力等对其进行综合测评，实行户主制管理。

（二）信用户评定的基本条件

1.申请信用户的农户应是区/县供销农副产品专业合作社社员。

2.已与资金互助部发生借款业务及已为他人担保的社员，或有借款需求及有借款意向的社员。

3.农户家庭和谐，有一定的经济基础或经济实体，勤劳致富；遵纪守法，无不良欠贷、欠借、欠息、违约等失信行为，诚信信誉度高；无赌博、吸毒等不良行为，人品好。

4.关心和支持资金互助工作。

（三）信用村的定义

简单的说，信用村就是讲信用、守信用的信用示范村，村风民风良好。信用村评定要在信用户评定的基础上进行，以行政村为单位，按照“先申报、后评定”的原则，按程序评审。

（四）信用村评定的基本条件

1.申请信用村的行政村村领导班子团结务实、作风正派、责任心强、群众基础好、威信高。

2.具有健全的村级财务管理制度，村集体经济有一定的实力，产业化程度较高，且无经济拖欠等现象。

3.村风民风良好，村民还款意愿高，90%以上的信用户借款无拖欠行为，不良借款率占比低于1%。

4.已被评定为信用户的农户达行政村总农户数的20%左右，最低不得低于10%。

5.村“两委”支持配合资金互助工作，并积极协助配合资金互助部做好宣传、社员借款调查、授信、风险防范、清收借款及资金使用费等工作。

五、工作程序

（一）供销农村信用体系建设工作流程图如下：（略）

（二）信用户的评定

1.信用户的等级。信用户的综合评定分三个等级：三星级信用户、四星级信用户、五星级信用户。其中四星级信用户占比不超过整个村信用户的30%，五星级信用户占比不超过整个村信用户的10%。

2.由申请信用户的农户申请，经所在行政村的村供销农村信用体系建设评审小组初审，报区/县供销农村信用体系建设工作领导小组审定。

3.信用户享受的优惠政策：信用户评定结果运用的有效期为三年，当年获评的信用户借款使用费率在市联合社执行的现行费率的基础上优惠40%；三年有效期内，资金互助部根据“五看”原则实行动态考核，若该信用户考核合格，则费率在现有的优惠政策基础上可再优惠5%（以三年为上限）；若考核不合格，即取消该信用户的全部优惠政策；3户及以上信用户联保，在同档次已享受优惠政策的基础上再给予5%的优惠。

4.星级评定后，信用户有资金需求的，可根据授信额度申请互助金借款，资金互助部要严格按照互助金借款业务相关规范办理，做足借前、借中、借后工作，不得从简。

5.信用授信要以风险防控为前提。原则上三星级信用户授信额度不超过5万元，四星级信用户授信额度不超过10万元，五星级信用户授信额度不超过20万元。对授信额度超过20万（含）的借款业务〔有抵（质）押物的除外〕，要上报市供销农村信用体系建设领导小组核定。

6.在风险防控的基础上，要防止授信重复使用。首先，借前要严格审查征信，借后要定期通过征信跟踪社员授信情况，获取客户在银行等金融机构的借贷信息。其次，通过面谈、社员提供的账户交易信息等方式，掌握社员的信贷借款信息。授信额度不得与《自然人保证类互助金借款管理办法》中规定的担保额度重复使用。授信及第三方自然人担保的信用总额度不得超过其授信额度的两倍。若信用户在银行等其他金融机构有信用借款（不包括信用卡借款）或为第三方提供担保，则在两倍授信范围内视已有借款额度发放借款。

（三）信用村的评定

1.由所在行政村的村供销农村信用体系建设评审小组提出申请，经区/县供销农村信用体系建设工作领导小组初审，报市供销农村信用体系建设工作领导小组审定。

2.信用村享受的优惠政策：信用村内的信用户借款优先，借款使用费率在同档次已享受优惠政策的基础上再给予10%的优惠。

（四）信用户和信用村的公示

要对信用户、信用村的等级、评价结果等进行公示。

信用户和信用村的评选要在全村范围内公示，评定的信用户或信用村要授牌，实行动态管理，并每年至少定期进行一次更新，也可根据动态考核结果随时更新。信用等级好的，予以加星并享受相应的优惠政策，信用等级差的，予以降星、摘牌并取消相应的优惠政策。信用户或信用村的授牌要采用统一的式样。

星级评定办法（包括动态管理）另行制定，并报市联合社备案。

六、工作措施

（一）大力开展供销农村信用体系建设宣传工作

一是在各村醒目位置设置供销农村信用体系建设宣传标语，要通过多种形式、途径定期或不定期开展供销农村信用体系建设宣传活动。

二是加强对具体工作人员的业务培训，具体工作人员要有高度的责任感，要加强学习、提升素质，要进村入户、深入一线，尽职尽责尽力完成好各项工作。

三是要紧密结合资金互助业务的开展进行宣传。

（二）加快建立农户信用信息数据库与动态考核

按照供销农村信用体系建设工作及资金互助业务发展的实际要求，资金互助部要定期或不定期开展农户信用数据采集工作，收集农户或现有信用户的基本数据，加快信用信息电子化、标准化建设，建立农户信用信息数据库，并对现有信用户的信用信息实行动态考核。动态考核和信息收集重点要做到“五看”：看住房（即看住房情况、整洁情况）、看家庭（即看家庭和谐情况、尊老爱幼孝道情况、邻里关系情况）、看收入（即看家庭收入情况、经济收入主要来源情况）、看人品（即看有无赌博、吸毒等不良行为）、看信誉（即看遵纪守法情况，有无不良欠借、欠贷、欠息、违约等失信行为）。

（三）结合资金互助业务发展需要开展信用户、信用村的创建与评定工作

在农户信用数据采集基础上，结合资金互助业务发展需要，资金互助部要定期或不定期开展信用户、信用村的创建与评定工作，成熟一个、发展一个。

对于现有的信用户，实施动态考核，每年至少动态更新一次。对于即将要发生借款业务的信用户，信用户认定期超过3个月以上的，要通过借前调查实施一次动态考核；对于已经发生借款业务的信用户，动态考核周期与借后管理周期同步。

信用户、信用村的评定、考核，要以风险防控为前提，推动村风民风的改善，促进农村诚信信誉度的提高。

（四）建立健全“守信激励、失信惩戒”机制

在动态考核的基础上，资金互助部对信用户、信用村给予借款使用费费率优惠，并实行借款优先、手续简便、额度放宽、服务上门等激励措施；对失信农户采取取消信用户资格，并影响该户所在行政村信用村的评定等惩戒措施。

本细则由区/县供销农村信用体系建设工作领导小组负责解释和修订。

后　记

自2015年年初黄山供销农村资金互助正式运营开始，在中华全国供销合作总社，安徽省供销社，黄山市委、市政府的重视、鼓励和支持下，不知不觉我们在农村资金互助服务的道路上走过了五个年头。当下如何正确认识把握“农村资金互助”？新时代采取什么样的路径来发展“农村资金互助”？面向未来，怎样实现“农村资金互助”稳健发展？在五年来的探索实践中，我们逐步形成了自己的“看法”“做法”和“想法”，这本小册子就是对过去五年来上述问题的思考、提炼和总结。

习近平总书记提出建立生产、供销、信用“三位一体”农村新型合作体系，给资金互助“黄山模式”增添了新动能，提出了探索实践新目标！资金互助“黄山模式”任重道远！

理论来自实践，实践总是不断超越理论。随着经济社会的不断发展，实践的不断深入，毫无疑问，“黄山模式”仍会不断优化升级，超越自我！供销社为农服务永远在路上，黄山模式推进“三位一体”永远在路上！

十分感谢全国人大农业与农村委员会副主任委员李春生，中国农村金融研究专家、中国农业大学教授何广文，在百忙之中审阅书稿，并为本书作序；十分感谢中国“三农”问题专家、国务院参事室特约研究员刘奇亲自拟定书稿提纲；十分感谢中华全国供销合作总社金融服务部各位领导和专家审阅书稿，并为该书的出版提供指导和帮助。

由于资金互助“黄山模式”实践的局限性，编者理论水平有限，书中不足在所难免，还望各位读者见谅，并将您的宝贵意见反馈给我们，让我们在农村资金互助的服务道路上一路同行！

编　者

二〇二〇年十二月

图书在版编目（CIP）数据

农村资金互助黄山模式 / 刘邦铸主编. —北京：中国农业出版社，2021.4

ISBN 978-7-109-28050-2

Ⅰ. ①农… Ⅱ. ①刘… Ⅲ. ①农村资金—资金管理—研究—黄山市 Ⅳ. ①F323.9

中国版本图书馆CIP数据核字（2021）第048242号

中国农业出版社出版

地址：北京市朝阳区麦子店街18号楼

邮编：100125

责任编辑：程　燕

责任设计：王　晨　　责任校对：吴丽婷

印刷：北京中兴印刷有限公司

版次：2021年4月第1版

印次：2021年4月北京第1次印刷

发行：新华书店北京发行所

开本：700mm × 1000mm　1/16

印张：10.25

字数：200千字

定价：48.00元